Deutsche Landkreise im Portrait

Landschaft und Natur

Freizeit und Kultur

Wirtschaft, Soziales und Gesundheit

Kreis Kleve

Herausgegeben in Zusammenarbeit
mit der Kreisverwaltung

Vierte neue Ausgabe 2013

Kommunikation & Wirtschaft GmbH • Oldenburg (Oldb)

Das Buch erscheint im Verlagsbereich Regionalmedien – Bücher. Alle Rechte bei kommunikation & Wirtschaft GmbH, Oldenburg (Oldb)

Herausgegeben in Zusammenarbeit mit der Kreisverwaltung

Redaktion:

Elke Sanders, Presse- und Öffentlichkeitsarbeit

Printed in Germany 2013

Bibliographische Information der Deutschen Bibliothek

Die Deutsche Bibliothek verzeichnet diese Publikation in der Deutschen Nationalbibliographie; detaillierte bibliographische Daten sind im Internet über http://dnb.ddb.de abrufbar.

ISBN 978-3-88363-347-3

Bildbearbeitung:

kommunikation & Wirtschaft GmbH, Oldenburg (Oldb)

Druck:

B.o.s.s Druck und Medien GmbH, Goch

Vorwort

Hier lässt es sich leben

4

Wirtschaft und Infrastruktur

Der Mensch im Mittelpunkt

Register

Herzlich willkommen im Kreis Kleve

Der vorliegende Bildband möchte Sie als Leserin oder Leser mit auf eine Reise nehmen. Eine Reise durch den Kreis Kleve mit seiner faszinierenden Natur, der weitreichenden Geschichte und grenzenlosen Kultur, einer florierenden Wirtschaft und ertragreichen Landwirtschaft, bewährten und neuen Bildungsschwerpunkten sowie einer überzeugenden sozialen Komponente.

Der Kreis Kleve ist ein großartiger Lebensraum mit vielen Facetten, deren Darstellung in diesem Buch nur dank der Unterstützung kompetenter Fachautorinnen und -autoren möglich wurde. Die Themen dieser mittlerweile vierten Auflage versprechen abwechslungsreiche Lesestunden, die neugierig machen auf eigene Entdeckungen.

Insgesamt 16 Städte und Gemeinden mit gut 300 000 Bürgerinnen und Bürgern sind Teil des Kreises Kleve. Von der Grenze zu den Niederlanden im nördlichen Gebiet des Kreises bis zum südlichen Teil, der fast an das Ruhrgebiet reicht, erstreckt sich seine Länge über 61 Kilometer und die Breite über 40 Kilometer. Die geografisch sehr günstige Lage bietet den Unternehmen und seinen Mitarbeiterinnen und Mitarbeitern einen Standort mit hoher Wirtschaftskraft und vielseitigen Freizeitmöglichkeiten. Radfahren, Reiten, Golfspielen und Wandern sind im Kreis Kleve beliebte Aktivitäten. Die Lage am Rhein mit den idyllischen Altrheinarmen, die großen Wälder, Herrensitze und Wasserburgen, der eiszeitlich bedingte Höhenzug, die Vogelwelt, aber auch die attraktiven Museen begeistern von Jahr zu Jahr mehr Touristinnen und Touristen, die

den Kreis Kleve, einmal entdeckt, immer wieder gerne besuchen.

Die besonderen Entwicklungen in den vergangenen Jahren, allen voran die Etablierung des internationalen Airports Weeze und die Gründung der Hochschule Rhein-Waal, haben den Kreis noch attraktiver werden lassen. Im Kreis Kleve lässt es sich sehr gut arbeiten und leben. Das finden auch die vielen Neubürgerinnen und -bürger, die in den vergangenen Jahren hierher gezogen sind. Nicht zuletzt die günstigen Voraussetzungen, die der Kreis Kleve zu bieten hat, sind Grund für die wachsenden Bevölkerungszahlen, die wir laut Prognose auch in Zukunft erwarten dürfen.

Abschließend möchte ich mich herzlich bei all denen bedanken, die zum Gelingen des Buches beigetragen haben, allen voran dem Verlag Kommunikation & Wirtschaft GmbH aus Oldenburg, den vielen erfolgreichen Unternehmen, die die Herausgabe mit ihrer Unterstützung erst ermöglicht haben, und den engagierten Autorinnen, Autoren und Fotografen.

Nun wünsche ich Ihnen eine abwechslungsreiche und interessante Lektüre und dem Kreis Kleve viele neue Freundinnen und Freunde. ■

Wolfgang Spreen
Landrat

Bürgernahe Verwaltung:
In der Kreisverwaltung
stehen rund 800 Be-
schäftigte den Bewoh-
nerinnen und Bewoh-
nern des Kreises mit
Dienstleistungen und
Serviceangeboten zur
Verfügung.

Der Kreis Kleve – mehr als Niederrhein ...

16 Städte und Gemeinden mit Profil: überraschende Vielfalt

Gemeinde Bedburg-Hau

In der reizvollen niederrheinischen Landschaft liegt die 61 Quadratkilometer große, 1969 gegründete Gemeinde Bedburg-Hau. 13 000 Einwohnerinnen und Einwohner verteilen sich auf sieben selbstbewusste Ortschaften mit jeweils eigenem Charakter.

Bedburg-Hau überrascht immer wieder mit großer Vielfalt: Einerseits existieren hier harmonisch in die Landschaft eingebettete Wohngebiete und es gibt hervorragend eingegrünte Gewerbegebiete sowie vorbildliche Sportanlagen, anderseits aber erlebt man Kultur und Natur pur. Wandern auf dem Voltaire-Weg und radeln über die Via Romana sind dabei besondere Erlebnisse.

Vielfältig sind die Kultureinrichtungen, etwa das Schloss Moyland, Museum für moderne Kunst mit dem weltweit größten Bestand an Werken von Joseph Beuys, das ArToll-Kunstlabor und das Kinder- und Jugendtheater „mini-art". Weitere besondere Sehenswürdigkeiten sind das Grabmal des Prinzen Johann Moritz von Nassau-Siegen, der Herrensitz Haus Rosendal, das Rittergut Haus Eyl, die Klosterkirche St. Markus und die 1820 gegründete Pfälzer Siedlung Louisendorf.

Die Zukunft der Gemeinde Bedburg-Hau liegt im Kultur- und Naturtourismus. Eine zurückhaltende und ausgewogene Woh-

Schloss Moyland ist eines der kulturellen Zentren im Kreis.

Emmerich am Rhein hat
für den Kreis Kleve eine
besondere Bedeutung
als Handels- und Touris-
musstadt.

nungs- und Gewerbeansiedlungspolitik
sichert die Attraktivität für die Bürgerinnen
und Bürger und auch für die Wirtschaft.
Mehr Informationen unter www.bedburg-
hau.de.

Peter Driessen

Stadt Emmerich am Rhein

Emmerich am Rhein ist mit rund 30 000
Einwohnerinnen und Einwohnern eine pul-
sierende Mittelstadt an der meistbefahrenen
Wasserstraße Europas. Aber auch Schiene
und Straße haben eine europaweite Anbindung direkt mit dem boomenden Hafen.

Transport und Handel, Dienstleistungen
und Verwaltung sind die tragenden Säulen
der Wirtschaft in der Stadt. Weltmarktführer
haben in Emmerich ihren Hauptsitz und vertreiben ihre Produkte über den gesamten
Globus.

Firmen wie Probat, Katjes, Kao Chemicals, Deutsche Giesdraht, BLG Logistics
Group, Convent, Q-railing, Aquatec, KLK
und Oleon sind nur einige der vielen

mittelständischen Unternehmen, die zahlreiche Arbeitsplätze für den unteren Niederrhein und die benachbarten Niederlande
schaffen.

Neben dieser vielfältigen Industrie ist
Emmerich am Rhein aber auch Nah-
erholungsstandort mit vielen Freizeit- und
Sportmöglichkeiten: Radwandern, Golfen,
Schwimmen oder Segelfliegen, Wasser-
sport und Breitensport – für fast jeden
Bedarf gibt es das passende Angebot.
Hinzu kommen die kurzen Wege zu den
Ballungszentren des Ruhrgebiets oder den
Niederlanden, selbst der Ausflug zum Meer
ist von Emmerich am Rhein in weniger als
zwei Autostunden möglich.

Die Bedeutung von Emmerich als Hansestadt und Umschlagplatz für den Waren-
handel nach England und in die baltischen
Länder hat eine lange Historie. Seine besondere Rolle für die Wirtschaft am unteren
Niederrhein hat Emmerich am Rhein bis
heute behalten. Mehr Informationen unter
www.emmerich.de.

Johannes Diks

Einmal im Jahr ist Geldern Schauplatz des weltweit größten Straßenmalwettbewerbs.

Stadt Geldern

Dem Todesschrei eines Drachen „Gelre, Gelre, Gelre" verdankt die Stadt Geldern, die 1229 die Stadtrechte erhielt, der Sage nach ihren Namen.

Heute präsentiert sich Geldern als moderne und junge Stadt, insbesondere aufgrund des großen Schulzentrums, das von Tausenden Schülerinnen und Schülern aus der Region besucht wird.

Eine attraktive Innenstadt mit Einkaufsstraßen, kleinen Cafés und Restaurants und das Entwicklungsprojekt „Nierspark", bei dem ein ehemaliges Bahngelände als neuer Stadtteil entwickelt wird, sind gute Gründe für einen Besuch der LandLebenStadt.

Feinschmecker pilgern in den Monaten Mai und Juni in das Spargeldorf Walbeck, oftmals verbunden mit einem Besuch des großen Waldfreibades oder einer Fahrradtour am schönen Niederrhein.

Als „Reisemobilfreundliche Stadt" hat sich Geldern ebenso einen guten Namen gemacht wie mit dem größten Netz an E-Bike-Ladestationen in der Region, mit dem man die Elektromobilität vorantreibt.

Kulturell Interessierte finden das ganze Jahr über Kunstausstellungen im Mühlenturm. Publikumsmagnete sind Veranstaltungen wie Pfingstkirmes, Straßenparty oder der weltweit größte Straßenmalwettbewerb, zu dem Künstlerinnen und Künstler aus aller Welt nach Geldern kommen. Mehr Informationen unter www.geldern.de.

Ulrich Janssen

Stadt Goch

Die Stadt Goch liegt verkehrsgünstig im Zentrum des Kreises Kleve, unmittelbar an der deutsch-niederländischen Grenze. Mehr als 33 000 Menschen leben heute in der einstigen Zigarrenmacher- und Weberstadt. Mit rund 115 Quadratkilometern ist die Stadt Goch die flächenmäßig größte Kommune des Kreises Kleve. Zu ihr gehören die Ortsteile Asperden, Hassum, Hommersum, Hülm, Nierswalde und Pfalzdorf.

Goch ist bekannt für günstige Wohnlagen, vielfältige Bildungsangebote und besondere Attraktivität für Investoren. Die Stadt präsentiert sich als modernes Mittelzentrum mit einem vielfältigen Branchenmix sowie einem herausragenden Wohn- und Freizeitwert. Zum Beispiel das Freizeitbad GochNess und die Gocher Nierswelle locken viele Besucherinnen und Besucher

Die Nierswelle bietet eine abwechslungsreiche Freizeitgestaltung mitten in der City von Goch.

in die Stadt. Die Nierswelle, zwischen Kastell und Susmühle mitten in der Stadt gelegen, ist der Treffpunkt in der City. Eingeweiht anlässlich des 750-jährigen Bestehens der Stadt Goch im Jahr 2011, ist sie beliebtes Ziel für Jung und Alt, für Einheimische und Gäste.

Ein berühmter Sohn der Stadt Goch ist der hl. Arnold Janssen (1837–1909). Er gründete die Steyler Ordensfamilie und gilt als Wegbereiter des modernen Missionsgedankens. Im Jahr 2003 wurde Arnold Janssen heilig gesprochen. Schon zwei Jahre später erhob der Bischof von Münster die Stadt Goch zum Wallfahrtsort. Seither ist Goch das Ziel Tausender Pilgerinnen und Pilger pro Jahr, die sich auf den Spuren des hl. Arnold Janssen über seine Geburtsstadt informieren möchten. Mehr Informationen unter www.goch.de.

Karl-Heinz Otto

Gemeinde Issum

„Freundliches Issum": Damit wirbt die Gemeinde schon am Ortseingang. Und man stellt fest, dass die Identität der Gemeinde mit dieser Botschaft eng verbunden ist. Wer Issum besucht, der wird nicken und sagen: „Ja, das stimmt!"

Augenzwinkernd betrachtet, könnte das Geheimnis der Issumer Herzlichkeit auch in der Unterzeile des Gemeindeslogans verborgen sein: Issum ist nämlich auch die „Heimat alter Braukunst" – und erfahrungsgemäß plaudert es sich an der Theke mit dem einen oder anderen Glas Altbier einfach viel schöner. Bereits seit 1878 wird Diebels in Issum gebraut.

Issum ist mit den vielen geschichtsträch-

Das Wasserschloss Haus Issum ist das Wahrzeichen der niederrheinischen Gemeinde.

tigen Gebäuden und seiner exponierten Lage an der Issumer Fleuth einfach wunderschön. Die gesamte Infrastruktur der Gemeinde gewährleistet, dass die hier lebenden Menschen sich wohlfühlen. Der Wohnungsbestand ist überwiegend im Eigentum und trägt zum attraktiven Ortsbild bei. Es gibt zahlreiche Arbeitsplätze vor Ort, aber der Großteil der Issumer Einwohnerinnen und Einwohner schätzt die hervorragenden Autobahnanbindungen und die dadurch schnelle Erreichbarkeit der Arbeitsstätte im Ruhrgebiet oder in den benachbarten Niederlanden.

Im Jahr 1969 wurden die beiden bis dato selbstständigen Gemeinden Issum und Sevelen zu einer Kommune vereint. Issum gilt als das „Altbierdorf", Sevelen trägt den Beinamen „Töpferdorf". Die Tradition des Töpferhandwerkes ist auch heute noch im dörflichen Leben präsent. Jährlich findet in Sevelen ein großer Töpfer- und Handwerkermarkt statt. Die Gemeinde Issum mit ihren rund 12 000 Einwohnerinnen und Einwohnern und einer Fläche von 54,5 Quadratkilometern ist zwar nicht groß, doch sie beweist eindrucksvoll, dass auch auf kleinem Raum viel zu erleben und entdecken ist. Mehr Informationen unter www.issum.de.

Gerhard Kawaters

Mittelalterliches Rathaus in Kalkar

Stadt Kalkar

Mit dem Slogan „Hier lebt der Niederrhein" präsentiert sich die mittelalterliche Stadt Kalkar im 21. Jahrhundert als moderne, vielseitige und lebendige Stadt. Gegründet am 20. Oktober 1230 und am Reißbrett geplant, später als wehrhafter Handelsort mit Toren, Wällen und Mauern erweitert, ist die historische Stadtanlage mit ihren Plätzen, Straßen, Gassen und Stegen, mit den mächtigen Bauten, den Bürger- und Handelshäusern, dem gotischen Rathaus und der St. Nicolai-Kirche noch heute eindrucksvoll zu erleben. Die Atmosphäre auf dem großzügigen, einladenden Markt mit der über 450 Jahre alten Gerichtslinde und den zahlreichen Treppengiebelhäusern zieht viele Gäste, Kulturreisende, Radler und Ausflügler aus nah und fern in den Bann. Vom Markt aus können dann auf kurzen Wegen die herausragenden Kunstwerke in St. Nicolai, das bedeutende Stadtarchiv und das Städtische Museum (mit einer beachtlichen Sammlung von Kunstwerken des 19. und 20. Jahrhunderts) oder auch die Stadtwindmühle besucht werden. Orte, die zum Staunen verführen.

So wie es in vielfältiger Weise in den zwölf weiteren Stadtteilen der nahezu 90 Quadratkilometer großen Stadt gelingen mag. Eingebettet in die weite niederrheinische Landschaft am Rhein vermitteln auch die Dörfer, kleine Orte und Siedlungsgebiete ein lebendiges Miteinander in der Stadt Kalkar. Dort können weitere kulturgeschichtlich interessante Gebäude, Herrenhäuser und Hofanlagen, reizvolle Landschaften und Naturräume, Rheinwiesen, Seen und bewaldete Höhenzüge, dazu attraktive Freizeitstätten erkundet werden. Heute leben in Kalkar rund 14 000 Einwohner. Mehr Informationen unter www.kalkar.de.

Gerhard Fonck

mälern und Kirchen laden auch zahlreiche gastronomische Betriebe zum gemütlichen Verweilen ein.

Kerken bietet Naturfreunden und Erholungsuchenden mit seiner Nähe zur Autobahn 40 und den beiden Bahnhöfen in Aldekerk und Nieukerk ebenfalls einen ausgezeichneten Ausgangspunkt für Radtouren und Wanderungen. Gut ausgebaute und ausgeschilderte Wege führen in wenigen Minuten in die nahe gelegene Naturlandschaft der niederrheinischen Tiefebene mit vielen attraktiven Zielen in der unmittelbaren und weiteren Umgebung.

Auch als Wohngemeinde kann Kerken überzeugen. Ihr „attraktives Äußeres", die optimale Verkehrsanbindung zu den Zen-

Kerken ist eine ländlich geprägte Gemeinde mit hohem Wohnwert.

Gemeinde Kerken

Die im Nordwesten Nordrhein-Westfalens in unmittelbarer Nähe zum niederländischen Grenzgebiet gelegene Gemeinde Kerken präsentiert sich im wahrsten Sinne des Wortes lebenswert. Neben liebevoll gepflegten historischen Ortskernen – besonders in den Hauptorten Aldekerk und Nieukerk – mit vielen sehenswerten Denk-

tren des Ruhrgebietes und nach Düsseldorf, zahlreiche kulturelle und sportliche Angebote sowie eine ausgezeichnete Infrastruktur mit Schulen, Ärzten und vielfältigen Einkaufsmöglichkeiten machen Kerken zu einer Gemeinde mit hoher Lebensqualität. Mehr Informationen unter www.kerken.de.

Dirk Möcking

Fortsetzung Seite 18

LVR-HPH-Netz Niederrhein

Das Netzwerk Heilpädagogischer Hilfen Niederrhein des Landschaftsverbandes Rheinland – kurz LVR-HPH-Netz Niederrhein – bietet in den Kreisen Kleve, Wesel und in der Stadt Duisburg umfangreiche Wohn- und Unterstützungsleistungen für mehr als 900 erwachsene Menschen mit geistiger und mehrfacher Behinderung.

Über 900 Mitarbeiterinnen und Mitarbeiter begleiten in derzeit 38 LVR-Wohnverbünden und sechs LVR-Heilpädagogischen Zentren in mehr als 25 Städten und Gemeinden am Niederrhein Menschen mit geistiger Behinderung und unterschiedlichem Hilfebedarf in ihrer selbstbestimmten Lebensgestaltung.

Die Dienstleistungen reichen dabei von Beratung und Lebensbegleitung über Unterstützung und weitere Hilfen im Rahmen des Ambulant Betreuten und stationären Wohnens bis hin zu umfangreichen Angeboten zur Beschäftigung, Bildung und Freizeit.

Im Sinne der UN-Konvention über die Rechte von Menschen mit Behinderung fördert das LVR-HPH-Netz Niederrhein die Inklusion von Menschen mit geistiger und mehrfacher Behinderung und ermöglicht ihnen durch eine ganzheitliche Begleitung größtmögliche Selbstbestimmung und Teilhabe am gesellschaftlichen Leben.

Gemeinsam ganz normal. Menschen mit Behinderung leben in der Mitte unserer Gesellschaft.

Auf einen Blick

Gründungsjahr: 1981

Mitarbeiter: über 900

Leistungsspektrum:
Das LVR-HPH-Netz Niederrhein steht für bedarfsorientierte Angebote für

– Menschen mit geistiger und mehrfacher Behinderung

– Menschen mit geistiger Behinderung und hohem sozialem Integrationsbedarf

in den Bereichen
– Beratung
– Lebensbegleitung
– Unterstützung
– Wohnen
– Beschäftigung
– Bildung
– Freizeit

■
LVR-HPH-Netz
Niederrhein
Bedburg-Hau
www.hph-nn.lvr.de

Im LVR-HPH-Netz Niederrhein arbeiten Menschen mit Menschen. Respekt und Vertrauen sind die Basis im täglichen Umgang miteinander.

14

Haus Freudenberg GmbH

Die Haus Freudenberg GmbH ist eine der größten bundesdeutschen Werkstätten für Menschen mit Behinderung. Rund 2100 Menschen mit und ohne Behinderung arbeiten am Hauptsitz in Kleve und in sieben weiteren Zweigniederlassungen im linksrheinischen Teil des Kreises Kleve. Ein breites Produktions- und Dienstleistungsangebot mit arbeitsmarktnahen Tätigkeiten eröffnet Menschen mit Behinderung berufliche Perspektiven und die Weiterentwicklung ihrer persönlichen Fähigkeiten. Das Café Samocca in der Klever Innenstadt und der Pflanzenmarkt Floranta's in Geldern sind nur einige Beispiele hierfür. Therapeutische, medizinische und pflegerische Hilfestellungen sind in den Arbeitsalltag integriert und unterstützen die Menschen, am Arbeitsleben teilzuhaben.

Die Haus Freudenberg GmbH bietet ihren Kunden ein breites Leistungsspektrum an Produkten und Dienstleistungen auf qualitativ hohem Niveau. Hierzu gehören zum Beispiel die Abwicklung von komplexen logistischen Aufgaben im Verpackungsbereich, professionelle Fertigungsverfahren des Metallhandwerks einschließlich Pulverbeschichtung sowie die Entwicklung und Herstellung der eigenen Möbellinie F. DESIGN. In hochmodernen Produktionsstätten arbeitet die Haus Freudenberg GmbH auf einem hohen technischen Niveau. Sie verfügt damit

Links: Der Pflanzenmarkt Floranta's in Geldern
Rechts: Berufliche Perspektiven durch arbeitsmarktnahe Tätigkeitsfelder

über ideale Bedingungen, um Menschen mit Behinderung in ihrer beruflichen wie auch persönlichen Entwicklung zu unterstützen und auf dem Markt wettbewerbsfähig zu sein.

Die Zusammenarbeit mit Universitäten und Hochschulen, wie zum Beispiel die Universität zu Köln und die Hochschule Rhein-Waal in Kleve, trägt dazu bei, immer wieder neue wissenschaftliche Kenntnisse in die Praxis einfließen zu lassen und eine zukunftsorientierte Entwicklung des Unternehmens zu gewährleisten.

Die Haus Freudenberg GmbH unterstützt intensiv den Inklusionsgedanken. So werden in Kooperation mit der VHS Kleve zum Beispiel gemeinsame Kurse für Menschen mit und ohne Behinderung angeboten, die ein gemeinsames Lernen und Erfahren ermöglichen. Das Leitbild der Haus Freudenberg GmbH unterstreicht seit je den Grundgedanken der Inklusion: Jeder Mensch ist einzigartig und gleichwertig und bereichert unser Leben auf vielfältige Weise.

Auf einen Blick

Gründungsjahr: 1984

Mitarbeiter:
ca. 2100 Menschen mit und ohne Behinderung

Arbeitsbereiche:
– Dokumenten-
  archivierung
– Zierpflanzenbau
– Landschaftspflege
– Großküche
– Hauswirtschaft
– Wäscherei
– Industrielle Fertigung
– Pulverbeschichtung
– Metallverarbeitung
– Holzbe- und
  -verarbeitung
– Möbelproduktion
– Verpackung
– Logistik

**Haus Freudenberg
GmbH, Kleve**
www.haus-freudenberg.de

Auf einen Blick

Inbetriebnahme: 1972

Mitarbeiter: 192 plus 9 Auszubildende

Gesellschafter:
REMONDIS (49 %),
Stadtwerke Ober-
hausen AG (15 %),
Wirtschaftsbetriebe
Duisburg – AöR (36 %)

Abfallarten:
Hausmüll,
Gewerbemüll,
Sperrmüll

**Dampferzeuger-
leistung:** 350 t/h

Stromerzeugung:
324 000 MWh

Gemeinschafts-Müll-Verbrennungsanlage Niederrhein GmbH (GMVA)

Die Gemeinschafts-Müll-Verbrennungsanlage Niederrhein GmbH (GMVA) dient der schadlosen und umweltverträglichen Behandlung andienungspflichtiger Abfälle der Städte Oberhausen und Duisburg sowie weiterer Mengen aus den Kreisen Kleve, Steinfurt und Coesfeld. Darüber hinaus werden vorbehandelte Gewerbeabfälle energetisch verwertet, die das Unternehmen REMONDIS anliefert. Die technische Konzeption der GMVA ist konsequent auf Effizienz, Sicherheit und Umweltverträglichkeit ausgerichtet.

Seit 1996 wird der gesamte Restmüll des Kreises Kleve von der GMVA thermisch behandelt. Die GMVA hat vier Verbrennungslinien. Pro Linie werden in jeder Stunde zwischen 20 und 25 Tonnen Material verbrannt – das entspricht einer Gesamtkapazität von bis zu 2400 Tonnen pro Tag bzw. 693 000 Tonnen pro Jahr. Dadurch ist die Entsorgungssicherheit für den Kreis Kleve für das nächste Jahrzehnt gesichert.

Die bei der Verbrennung entstehenden Abgase werden in der Abgasreinigung nach der strengen 17. Bundesimmissionsschutzverordnung behandelt und sorgfältig gefiltert, sodass über den Kamin nahezu reine Luft an die Umwelt abgegeben wird. Die freigesetzte Energie wird in Strom und Fernwärme umgewandelt. Die erzeugte Strommenge reicht aus, um den Bedarf von 60 000 Haushalten der Stadt Oberhausen zu decken.

Mit Fernwärme werden neben zahlreichen Haushalten auch gewerbliche Betriebe versorgt. Allein die jährlich bereitgestellte Wärmemenge ersetzt je nach Wärmeanforderung 150 bis 250 Millionen Liter Heizöl.

Gemeinschafts-Müll-
Verbrennungsanlage
Niederrhein GmbH
(GMVA)
www.gmva.de

Auf einen Blick

Gründungsjahr: 1980
Mitarbeiter: 7
Leistungsspektrum:
Das Architekturbüro
Verhoeven gestaltet
Zukunft in Gebäuden
mit angemessenem
Niveau in nachfrage-
gerechten Quartieren
für:
– Kindertagesstätten
– Wohnbauten
– Gewerbe- und
  Bürobauten
– Alten- und
  Pflegeeinrichtungen

■
**Architekturbüro
Dipl.-Ing. Stadtplaner
Egon Verhoeven
Kevelaer**
mail@architekturbuero-
verhoeven.de

Altbewährtes –
Neu interpretiert
So wird man bereits im
Foyer des Architektur-
büros Dipl.-Ing. Egon
Verhoeven im ehemali-
gen Elektrizitätswerk
empfangen.

Architekturbüro Dipl.-Ing. Egon Verhoeven

Das Spektrum seiner Bauwerke reicht vom cooler innerstädtischen Loft bis zum stimmungsvollen Landhaus, darunter auch das nahe Versorgungszentrum mit Verkaufsstätten in neuester Optik und Materialität.

In den mehr als drei Jahrzehnten praktischer Erfahrung entstand ein Fundus aus Ideen, aufgefüllt mit aktuellen, realen Projekten: „Varietas delectat – Abwechslung erfreut" kannten bereits die Römer, so auch der Architektenentwurf seines Gartenhofhauses, ausgehend vom zentralen Essplatz über eine Raster-Bauweise mit Betonsäulen, das Ganze durchgreifend von innen nach außen. Die Philosophie des Planers: Räume zu konzipieren, die für alle Menschen gleich zum Wohlfühlen und gerne zu längerem Aufenthalt einladen, in denen man sich angenehm und befreit fühlt bei bester Orientierung durch konzeptionelle Zurückhaltung.

Ein kompetenter und
vertrauensvoller Partner,
von der Planung bis zur
Schlüsselübergabe

Auf einen Blick

Gründungsjahr: 1902

**Mitarbeiterinnen
und Mitarbeiter:** 8

Leistungsspektrum:
– Neubau
– Sanierung und
  Modernisierung
– Vermietung
– Verwaltung
– Erwerb und
  Veräußerung von
  Wohnobjekten

■
**GEWOGE Wohnungs-
gesellschaft mbH
Kleve**
www.gewoge-kleve.de

GEWOGE Wohnungsgesellschaft mbH

Die GEWOGE ist ein Klever Wohnungsunternehmen mit einer mehr als 100-jährigen Geschichte.

Neben der Erstellung und Sanierung von Wohnobjekten bilden die Vermietung und Verwaltung eigener und fremder Bestände den Tätigkeitsschwerpunkt.

Aus dem umfassenden Portfolio, von kleinen Single-Wohnungen bis hin zu exklusiven Einfamilienhäusern, kann jede Nachfragesituation bedient werden. Mietsonderformen wie alten- und behindertengerechte Ausstattung, flexible Raumnutzung oder auch studentisches Wohnen runden das Angebot ab.

17

Stadtführung durch den
Wallfahrtsort Kevelaer

Stadt Kevelaer

Knapp 28 000 Einwohnerinnen und Einwohner leben ständig in der Stadt unweit der Niederlande, etwa eine Million Wallfahrer und Touristen kommen jährlich für kurze Zeit hinzu. Bekannt ist Kevelaer als größter Wallfahrtsort Nordwesteuropas und als staatlich anerkannter Erholungsort. Ihre Stadtväter gaben ihr das Attribut „unverwechselbar", ihre Bürgerinnen und Bürger identifizieren sich mit diesem Slogan, und die Besucher der Stadt erkennen darin einen Hinweis auf das Besondere ihres Reiseziels: „Unverwechselbar Kevelaer".

Am Kapellenplatz, an dem das internationale Glaubensbekenntnis zahlloser Gäste Jahr für Jahr das Bild dieser Stadt prägt, schlägt das Herz des Gemeinwesens. Ziele der Wallfahrer sind die Gnadenkapelle mit dem Marienbild „Trösterin der Betrübten" – Consolatrix Afflictorum, die Kerzenkapelle und die Marienbasilika, die mit ihrem über 90 Meter hohen Turm das Stadtbild überragt.

Die Kevelaer-Gäste können hier außerdem ein facettenreiches Kunsthandwerk entdecken. Zahlreiche Werkstätten in vielen Bereichen des Kunsthandwerks haben sich im Laufe der Zeit in Kevelaer niedergelassen. Mittlerweile hat das profane Kunsthandwerk neben der sakralen Kunst einen festen Platz gefunden und prägt seit vielen Jahren den Stadtmarketingansatz „Kevelaer – Stadt der Kunst, der Kultur und des Kunsthandwerks". Ob Gold- und Silberschmiede, Orgelbauer oder Glasmaler, Galeristen, Niederrheinisches Museum oder Krippenhersteller – sie alle prägen die Eindrücke der Besucherinnen und Besucher dieser Stadt und machen sie „unverwechselbar". Mehr Informationen unter www.kevelaer.de.

Dr. Axel Stibi

Stadt Kleve

„Tausend von Menschen kommen diesen Ort sehen und müssen selbigen loben", so beschrieb 1656 Prinz Moritz von Nassau-Siegen in einem Brief an den Kurfürsten den Ort Bad Cleve.

Die Verbindung von Geschichte und moderner Entwicklung gelingt Kleve an vielen Stellen. Im 17. Jahrhundert wurde von Fürst Johann Moritz von Nassau-Siegen ein Netz von Parkanlagen, Alleen und Sichtachsen geschaffen. Das Museum Kurhaus Kleve ist weit über die Grenzen der Stadt hinaus bekannt. Seit Herbst 2012 zeigt es das Atelier von Joseph Beuys im ehema-

links: Die Schwanen-
burg in Kleve ist eine der
wenigen Höhenburgen
am Niederrhein.

unten: Der Kranenburger
Mühlenturm gehört als
Wahrzeichen zu den
Sehenswürdigkeiten im
historischen Ortskern
des Grenzstädtchens.

ligen „Friedrich-Wilhelm-Bad". Die „Fiets" ist
für Bewohnerinnen und Bewohner sowie
für Gäste des Niederrheins eines der beliebtesten Fortbewegungsmittel. Aber auch
Wandern oder Nordic Walking gehören zum
touristischen Angebot. Besonderes Highlight ist seit einigen Jahren die Grenzland-
Draisine, mit der Besucherinnen und Besuchern auf der alten Eisenbahnstrecke in
die Niederlande ein nicht alltägliches Ver-
gnügen zur Verfügung steht. Seit 2010 ist
Kleve dazu in eine neue Zukunft aufge-
brochen. Die Hochschule Rhein-Waal bildet
junge Menschen aus vielen Nationen aus.
Bürger und Wirtschaft sind vom Erfolg
dieser Einrichtung überzeugt und freuen
sich auf diese weitreichende Ergänzung
des bisher schon ausgezeichneten Bil-
dungsangebots. Mehr Informationen unter
www.kleve.de.

Theodor Brauer

Gemeinde Kranenburg

Kranenburg, die geschichtsträchtige Grenz-
stadt im Grünen, ist naturräumlich, natur-
kundlich und kulturgeschichtlich betrachtet
eine erste Adresse in der Region.

Touristisch – für Kunstliebhaber, Wall-
fahrtspilger, Naturfreunde und Radwanderer

19

Rees wird gerne auch als „Schatzkästchen am Niederrhein" bezeichnet.

– zählt Kranenburg längst zu den Juwelen zwischen Duisburg und Nimwegen. Der Mühlenturm als Wahrzeichen des Ortes, die alten Wehrtürme und urigen Gässchen entlang der zum Teil erhaltenen Stadtmauer lohnen einen Rundgang.

Das kulturelle Leben der Gemeinde wird von Tradition und Zeitgenössischem gleichermaßen bestimmt. Die Tradition – das ist die Wallfahrt zum „Wundertätigen Kreuz" aus dem Jahr 1308 in der Stifts- und Wallfahrtskirche, die auch noch andere wertvolle Kunstschätze beherbergt. Nicht versäumen sollte man einen Besuch im Museum „Katharinenhof", das neben Kunst vergangener Epochen auch einen besonderen Akzent auf die Moderne setzt.

Einzigartig und grenzenlos ist eine Fahrt mit der Grenzland-Draisine auf der ehemaligen Eisenbahnstrecke von Kleve über Kranenburg bis nach Groesbeek. Ganz entspannt und ohne lenken zu müssen, radelt man über historische Gleise und genießt unterwegs den Blick auf eine intakte Natur.

Kranenburg – an der Nahtstelle zwischen Deutschland und den Niederlanden – erfreut sich als Wohngemeinde im Grünen wachsender Beliebtheit – für Menschen jeden Alters, für Deutsche und Niederländer. Kranenburg lebt Europa. Mehr Informationen unter www.kranenburg.de.

Günter Steins

Stadt Rees

In Rees, der ältesten Stadt am unteren Niederrhein, leben rund 22 000 Menschen in acht Ortsteilen. Sie genießen das kleinstädtische Flair, die besondere Lage am Rhein sowie den hohen Wohn- und Freizeitwert ihrer Stadt und wissen die Vorzüge der guten Anbindung an das überörtliche Verkehrsnetz zu schätzen.

Die Rheinstadt, gerne auch „Schatzkästchen am Niederrhein" genannt, hat sich in den letzten Jahrzehnten zu einem regelrechten Touristenmagneten entwickelt. Jährlich kommen Zigtausend Übernachtungsgäste und Tagestouristen in den staatlich anerkannten Ausflugsort, um etwa den historischen Stadtkern oder eine der schönsten Rheinpromenaden Deutschlands mit der mittelalterlichen Stadtbefestigung zu erleben. Verschiedene Gastronomiebetriebe runden das vielseitige touristische Angebot ab.

Ein weites Netz von Rad- und Wirtschaftswegen bietet sowohl den Reeserinnen und Reesern als auch den Gästen der „Fahrradfreundlichen Stadt" ideale Voraussetzungen, die Umgebung im Rahmen ausgedehnter Radtouren zu erkunden. Während Personenfähren interessante Streckenkombinationen beiderseits des Rheins ermöglichen, kann man den Niederrhein bei einer Tour mit dem Fahrgastschiff aus ganz anderer Perspektive kennenlernen. Mehr Informationen unter www.rees-erleben.de.

Christoph Gerwers

attraktive Vereinshallenbad, Angelteiche, Minigolf und Grillplätze runden das Freizeitangebot ab.

Eine Heimatstube und verschiedene Sehenswürdigkeiten sind ebenfalls vorhanden. Die Turmwindmühle am Nordosthang des Mühlenberges wurde 1880 errichtet.

Das Dorfleben in Rheurdt und Schaephuysen und den dazugehörigen Weilern wird seit Jahrzehnten durch die Landwirtschaft geprägt. So findet man neben modernen Betrieben zahlreiche alte Hofanlagen in der typisch niederrheinischen Bau-

Gemeinde Rheurdt

Das Ökodorf liegt in reizvoller Landschaft zwischen Höhenzügen und Kuhlenlandschaften.

Rheurdt bietet gut ausgebaute Rad-, Skater-, Reit- und Wanderwegenetze und zahlreiche Plätze zum Erholen und Verweilen. Der Erholungspark Oermter Berg mit Wildgehegen, Spielplätzen und der Ausstellung „Naturkundliche Sammlung Niederrhein" u. v. m. ist Anziehungspunkt für Familien und Erholungsuchende. Das

weise, die liebevoll restauriert ihren alten Charme erhalten haben. Viele Höfe bieten ihre Waren frisch vor Ort an.

Das Bild der kleinen Landgemeinde wird bestimmt von grünen Wiesen, Wäldern und Gewässern. Mehr Informationen unter www.rheurdt.de. *Klaus Kleinenkuhnen*

Stadt Straelen

Straelen hat in mehrerer Hinsicht Einzigartiges zu bieten: Die größte, zusammenhängende Fläche für den Produktionsgarten-

Das Wildgehege Oermter Berg in Rheurdt ist ein beliebtes Ausflugsziel.

bau und die Landschaft, die dazu gehört. Aber hier wird nicht nur gesät, gezüchtet und geerntet, sondern auch vermarktet und verarbeitet. Die einzige Versteigerung für Schnittblumen und Topfpflanzen in Deutschland befindet sich in Straelen-Herongen. Im Rahmen einer Agro-Tour „Hier wächst Zukunft" können sich Gäste über die Produktions- und Vermarktungswege informieren.

Das zweite Highlight ist der historisch restaurierte Marktplatz, der am Niederrhein seinesgleichen sucht. Die gemütliche Atmosphäre, die Sauberkeit und die freundlichen Menschen laden die Gäste ein. Gemäß des Straelener Slogans „Straelen am Niederrhein – Hier lässt man sich gerne nieder". Dies gilt nicht nur für Familien und Gäste, sondern auch für Unternehmen. Denn die logistische Lage ist ein weiterer Pluspunkt der niederrheinischen Stadt. In Straelen vereinen sich Moderne und Historie, Wachstum und Forschung, Entschleunigung und Erholung. Bei uns kommt jeder auf seine Kosten. All das können die Besucherinnen

und Besucher „Live und in Farbe" hautnah erleben – am besten auf dem Fahrrad. 300 Kilometer ausgebaute Radwanderwege laden dazu ein. Mehr Informationen unter www.straelen.de.

Jörg Langemeyer

Gemeinde Uedem

„Uedem – lebenswert … liebenswert." Mit diesem Motto wirbt die am Rande einer reizvollen, bewaldeten Hügelkette gelegene Gemeinde. Auf einer Fläche von 61 Quadratkilometern leben heute rund 8100 Einwohnerinnen und Einwohner.

Mit der wunderschönen waldreichen Landschaft bietet Uedem seinen Bewohnerinnen und Bewohnern sowie seinen Gästen eine Oase der Ruhe und Gelassenheit. Außerdem verfügt Uedem über ein gut ausgebautes Wander- und Radwanderwegenetz. Auf dem Historischen Rundweg kann die bewegte Geschichte der Gemeinde vom 7. Jahrhundert bis zur Gegenwart erkundet werden.

Viele „Städter" haben in den letzten zwei Jahrzehnten ihr Herz an Uedem verloren und hier eine neue Heimat gefunden. Die Grundstücke fürs eigene Heim sind in Uedem noch bezahlbar. Aber die Gemeinde ist nicht nur ein bevorzugtes Wohngebiet, sondern durch die günstige Verkehrsanbindung an die Autobahn 57 inzwischen auch ein attraktiver Gewerbestandort. Die ehemalige „Schusterstadt" verfügt in seinem voll erschlossenem Gewerbegebiet, das nur 2,5 Kilometer vom Autobahnanschluss entfernt ist, über einen vielfältigen Branchenmix. Die Unternehmen kommen unter anderem aus dem Elektrobau, dem Maschinenbau und der Schuhindustrie sowie aus den Bereichen Logistik und Spektralanalyse. Mehr Informationen unter www.uedem.de.

Rainer Weber

Gemeinde Wachtendonk

Die Gemeinde Wachtendonk mit ihren Ortschaften „Stadt Wachtendonk" und Wankum befindet sich im südlichen Zipfel des Kreises Kleve. Idyllisch gelegen im Naturpark Schwalm-Nette, ist man in Wachtendonk nur einen automobilen Katzensprung entfernt von den Ballungsräumen an Rhein und Ruhr.

Wachtendonks historischer Ortskern mit seinen schmucken Straßen und Gässchen lädt ein zum Bummeln, Schauen und Einkehren. Mit dem Frühlings- und Ostermarkt, dem Bücherbummel, Kirmes und Schützenfest und dem Weinfest werden Einheimischen und Gästen darüber hinaus attraktive Angebote gemacht.

Ob der besondere Reiz der Gemeinde an der Nähe der Flüsschen liegt? Gleich vier davon plätschern in und um Wachtendonk und Wankum: Niers und Nette, Wachtendonker Stadtgraben sowie der Wankumer Dorfbach.

Und das Wasser ermöglicht so manches Freizeitvergnügen. So erfreut sich zum Beispiel das Paddeln auf der Niers ganz besonderer Beliebtheit. Seit Kurzem gibt es in Wachtendonk auch eine sehr ausgefallene Errungenschaft: Die Niersfähre AlWA

Die Hohe Mühle in Uedem stammt aus dem 13. Jahrhundert und ist eine der ältesten aus Stein gebauten Windmühlen am Niederrhein.

Besonderheit in Wachtendonk: Die Gemeinde hat einen Ortsteil „Stadt Wachtendonk".

(**A**nlage **I**m **WA**sser). AIWA ist eine kleine Selbstbedienungsfähre, mit der die Niers durch Ausnutzung der Flussströmung und somit ganz ohne Muskelkraft überquert werden kann.

In der Wankumer Heide liegt die „Blaue Lagune", ein wunderschöner Heidesee mit vielen Möglichkeiten für sportliche Aktivitäten wie Wasserski-Seilbahn, Aqua-Golf, Beach-Volleyball, Hochseilklettergarten und natürlich Schwimmen.

Es gibt Orte. Und es gibt Lieblingsorte – Wachtendonk. Mehr Informationen unter www.wachtendonk.de.

Udo Rosenkranz

Gemeinde Weeze

Auch wenn die Besiedlung Weezes deutlich älter ist, wird der Ortsname erstmals urkundlich 1226 erwähnt. An Schlössern und alten Bauernhöfen vorbei schlängelt sich die Niers auf ihrem Weg zur Maas durch Weeze hindurch. Sie ist damit das landschaftsprägende Element der gut 10 000 Einwohnerinnen und Einwohner zählenden Gemeinde.

In wirtschaftlicher Hinsicht hat Weeze aufgrund seiner günstigen Verkehrsanbindung – durch Straße, Schiene und mit einem Flughafen – eine zunehmende Bedeutung erlangt. Seit Juni 2007 ist der Airport Weeze auch eine Home-Base für Ryanair. In den letzten Jahren sind über 50 Destinationen in Europa von Weeze aus erreichbar geworden.

Die Stärkung des Ortskerns als das Zentrum von Einzelhandel, Begegnung und wirtschaftlicher Entwicklung hat in Weeze Priorität. Die Fertigstellung des neu gestalteten Cyriakusplatzes mit der Erweiterung der Einkaufsmöglichkeiten im Ortskern, die Sanierung des Rathauses, das neue Volksbankgebäude und der Verbindungsweg zur Bahnstraße und zum Vittinghoff-Schell-Park lassen „neue Wege" erkennen. Die gut ausgebauten Radwege stärken darüber hinaus die touristische Attraktivität der Gemeinde. Das breite Freizeitangebot ist zum Teil grenzüberschreitend angelegt und unter-

Paddeltouren auf der Niers sind im Sommer ein beliebtes Freizeitvergnügen.

Auf einen Blick

Urkundliche Ersterwähnung: 1226

Einwohner: 10 138

Fläche: 79 km²

Ortsteile:
Weeze
Wemb

Bodennutzung:
4533 ha Nutzfläche
1904 ha Waldfläche
1508 ha übrige Fläche

Gemeinde Weeze
www.weeze.de

Gemeinde Weeze

Die idyllische Ortschaft liegt im Herzen des Kreises direkt an der Niers und unmittelbar an der niederländischen Grenze. Sie ist umgeben von einer ausgedehnten Wald- und Wiesenlandschaft.

In wirtschaftlicher Hinsicht bietet Weeze aufgrund seiner günstigen Lage, der guten Verkehrsanbindungen (Autobahnanschluss A 57, Bundesstraße 9, Bahnhof Weeze mit Bahnverbindung Düsseldorf–Kleve) und der positiven Entwicklung des „Euregionalen Zentrums für Flugverkehr, Logistik und Gewerbe" auf dem Airport Weeze besondere Standortvorteile.

Touristisch punktet Weeze durch die Schlösser Hertefeld, Kalbeck und Wissen, den Tierpark mit angrenzendem Natur-Erlebnis-Pfad, ein gut ausgebautes Radwegenetz, Paddeln auf der Niers sowie grenzüberschreitende kulturelle und touristische Angebote.

streicht die guten Beziehungen zu den niederländischen Nachbargemeinden. Hervorzuheben sind vor allem der familienfreundliche Tierpark mit Waldlehrpfad und Streichelzoo mit angrenzendem Natur-Erlebnis-Pfad sowie die Kulturdenkmäler Schloss Kalbeck, Schloss Wissen und die Schlossruine Hertefeld. Mehr Informationen unter www.weeze.de. *Ulrich Francken*

Die Schlossruine Hertefeld in Weeze bietet Übernachtungen im historischen Umfeld.

Niederrheinische Landschaft – wertvoller Lebensraum für Flora und Fauna

Dr. Hermann Reynders

Zwischen Krefeld im Süden und der Bundesgrenze im Norden erstreckt sich längs des Rheins das Kerngebiet einer als Unterer Niederrhein bezeichneten, weitläufigen und überwiegend noch typisch ländlich geprägten Landschaft.

So mancher Besucher ist überrascht über die naturräumliche Vielfalt und den besonderen landschaftlichen Reiz, mit dem der Niederrhein aufwarten kann.

Dank der Eiszeiten, der gestaltenden Kräfte von Rhein und Maas sowie tektonisch bedingter Landschaftsformen und -strukturen ist der Niederrhein alles andere als eine eintönige, tischebene Landschaft. Morphologisch präsentiert er sich vielgestaltig und entsprechend abwechslungsreich und lässt sich von (Süd-)Westen nach (Nord-)Osten in eine Abfolge verschiedener Teilräume gliedern. Das sind im Westen die zur Maas hin entwässernden ehemaligen Bruchgebiete wie Straelener Veen und Baaler Bruch, die Schwalm-Nette-Platte im gleichnamigen Naturpark und die sich nach Norden anschließenden Reste alter Flussterrassen bei Walbeck und Weeze. Weiter nach Osten folgen die Niersniederung mit den markanten Donken und den sie umgebenden Bach- und Flussschlingen, die ackerbaulich dominierten Kempen-Aldekerker-Platten, der eiszeitliche Moränenzug der Niederrheinischen Höhen, die Niederrhein- und Isselebene und schließlich die Anhöhe bei Elten. Die Geländehöhen reichen von etwa 11 Metern über NN in der Niederung bei Kranenburg bis zu 106 Meter über NN auf dem Klever Berg.

So vielgestaltig wie die Landschaft, so reichhaltig sind auch der Lebensraum und das Arteninventar am Niederrhein. Von nassen bis zu trockenen Standorten finden sich nahezu alle Biotoptypen. Hierzu zählen stehende und fließende Gewässer, Torfstiche, Flachskuhlen, Brüche und Moore. Darüber hinaus tragen Dünen und Heidegebiete, Feuchtwiesen, Streuobstwiesen, Hohlwege und alte Landwehren, Hecken- und Kopfbaumbestände und die unterschiedlichsten Waldbereiche zu einer eindrucksvollen Lebensraumvielfalt bei.

Mehr als 100 Naturschutzgebiete (NSG) mit einer geschützten Gesamtfläche von über 20 000 Hektar, zwei insgesamt rund 33 000 Hektar Fläche umfassende Vogelschutzgebiete (VSG) und über 40 Fauna-Flora-Habitat-Gebiete (FFH-Gebiete) – mit einer Vielzahl an besonders schutzwürdigen Landschaftselementen, Lebensräumen sowie Tier- und Pflanzenarten – spiegeln den biologisch-ökologischen Wert von Natur und Landschaft am Unteren Niederrhein eindrucksvoll wider. Allein im Kreis Kleve ist mehr als ein Sechstel der Gesamtfläche in besonderer Weise geschützt. Rund 16 000 Hektar der gesamten Kreisfläche wurden als Vogelschutzgebiet ausgewiesen (VSG „Unterer Niederrhein" und VSG „Schwalm-Nette"). Darin zum Teil integriert sind 24 FFH-Gebiete mit einer Fläche von fast 6500 Hektar. Sie alle zusammen sind Bestandteil des europäischen Biotopverbundsystems Natura 2000. Regional eingebunden in diesen Biotopverbund sind im Kreis auch mehr als 60 NSG mit insgesamt etwa 12 100 Hektar (das sind nahezu zehn Prozent der Kreisfläche), die das weite Spektrum an vorkommenden Lebensraumtypen abbilden.

Zu den flächenmäßig größten und

bekanntesten Schutzgebieten gehören die nördlich von Kleve gelegenen NSG „Düffel – Kellener Altrhein und Flussmarschen" (3813 Hektar) und „Salmorth" (1056 Hektar), rechtsrheinisch die NSG „Hetter – Millinger Bruch" (660 Hektar) und „Bienener Altrhein, Millinger und Hurler Meer" (638 Hektar) sowie im südlichen Kreisgebiet die NSG „Heronger Buschberge und Wankumer Heide" (621 Hektar) sowie „Fleuthkuhlen" (585 Hektar). Zu den sehr großflächigen Schutzgebieten zählen ferner das im Reichswald gelegene NSG „Geldenberg" (579 Hektar), das NSG „Grietherorter Altrhein" (509 Hektar), das NSG „Deichvorland bei Grieth" (437 Hektar) und das NSG „Uedemer Hochwald" (425 Hektar). Gebietsweise besitzen außerdem mehr als 50 Prozent der Fläche den Status eines Landschaftsschutzgebietes.

Naturnahe Kleingewässer und Offenlandbiotope wie Glatthaferwiesen und andere Grünlandgesellschaften mit Weißdorn- oder Schlehenhecken und Kopfbaumreihen, Moore oder Feuchtheiden sind vorwiegend in den Niederungen von Rhein, Issel, Niers und Fleuth verbreitet.

In der Rheinniederung, vor und hinter den Deichen, sind vielfach noch struktur- und artenreiche Wiesen und Weiden erhalten, die zahlreichen Wat- und Wiesenvögeln wie Rotschenkel, Uferschnepfe, Großer Brachvogel oder Wachtelkönig geeigneten Lebensraum bieten. Der Weißstorch breitet sich wieder aus; der Kiebitz brütet erfolgreich. Blau- und Schwarzkehlchen lieben extensiv genutztes Grünland mit Gräben und begleitenden Staudenfluren. Der Steinkauz ist regelmäßig in alten Obstbaumbeständen oder in knorrigen Kopfbäumen

Die Altrheinarme im Kreis sind Rückzugsgebiete für viele Tier- und Pflanzenarten.

am Wegesrand anzutreffen. Für viele schutzwürdige Vogelarten ist die Rheinniederung zudem ein wichtiger Rast- und Durchzugsraum geworden. Zigtausende nordische Wildgänse überwintern alljährlich in den großen Schutzgebieten beiderseits des Rheins.

Die kleineren und größeren Gewässer in den Niederungen stellen besondere floristische und faunistische Kostbarkeiten dar. Hierzu gehören Flussaltarme wie das Botzelaerer Meer bei Kalkar oder das Schmale Meer bei Rees, die zum Teil auch Meere genannt werden, sowie Kolke und Woyen und alte Torfkuhlen oder kleine Abgrabungsgewässer wie die Moiedtjes bei Elten. Der Artenreichtum dieser Gewässer ist enorm. Von der Unterwasservegetation über malerische Schwimmblattgesellschaften bis hin zu Verlandungsgesellschaften und typischen Auengebüschen finden sich alle Stadien der natürlichen Vegetationsentwicklung. Für viele besonders geschützte Tierarten wie Bitterling (ein Teichfisch), Kammmolch, Tüpfelsumpfhuhn oder zahlreiche Insektenarten stellen diese Gewässer ideale

Vermehrungs- und Rückzugsräume dar. An einigen größeren Gewässern lassen sich Flussseeschwalben und Trauerseeschwalben und an kiesig-sandigen Uferabschnitten mit etwas Glück auch Flussregenpfeifer beobachten.

Im Bereich der Niederrheinischen Höhen dominieren zum Teil großflächige Waldbestände, die häufig als Laub- und Mischwald ausgebildet sind. Wald ist aber auch in ehemaligen Bruchgebieten wie etwa dem Kerkener Bruch zu finden – oder verstreut auf die für die Landwirtschaft weniger geeigneten Standorte.

Im Reichswald, im Uedemer Hochwald, in den Heronger Buschbergen und in der Littard genießen insbesondere Eichen- und Buchen-Altholzbestände mit mehr oder weniger ausgeprägter Begleitflora besonderen Schutz. Diese Altholzbereiche sind beliebter Lebensraum unter anderem für den Schwarzspecht. An feuchteren Standorten sind vornehmlich in den Niederungen auch Erlen-, Eschen- und Weidenbestände mit verschiedenen Seggen- und Hahnenfußarten sowie vielen anderen, Feuchtigkeit

Der Flussregenpfeifer
ist ein seltener Bewoh-
ner der heimischen Ge-
wässer.

liebenden Pflanzenarten anzutreffen. Auch für Amphibien, Fledermäuse oder Vogelarten wie die Nachtigall sind diese Lebensbedingungen bestens geeignet.

Einige weitere Schutzgebiete sind besonders erwähnenswert. Die Wisseler Dünen mit bemerkenswerten Sandseggen- und Silbergrasbeständen stehen bereits seit 1935 unter Naturschutz. Frühlingspörgel, Schlüsselblume oder Feldmannstreu gehören zum charakteristischen Pflanzenbestand. Bekannt ist das Gebiet auch für seinen Insektenreichtum, darunter eine große Anzahl an Schmetterlingsarten. Die Dünen sind im Mittelalter durch Sandauswehungen aus einem ehemaligen Rheinbett entstanden.

Das Kranenburger Bruch dagegen hat sich aus einem Niedermoor entwickelt. Es zeichnet sich unter anderem durch Mager- und Feuchtgrünlandgesellschaften, Röhrichte und Hochstaudenflure aus. Verschiedene Orchideenarten, Blaukehlchen und Teichrohrsänger sind nur einige der hier lebenden Arten. Einen anderen Moortyp stellt das kleinflächige Übergangsmoor in der Wittenhorster Heide bei Haldern dar. Es ist ein Paradies für Amphibien und Insekten. Die Gefleckte Heidelibelle ist Teil der heimischen, bunten Insektenwelt. Das Straelener Hangmoor verdankt seine Entstehung dem Austritt von Sickerwasser. Feuchter Eichen-Birkenwald mit Übergängen zum Birken-Moorwald, Gagelbüsche und Schneidenriede gehören zu den typischen Pflanzengesellschaften.

Das Gebiet der Fleuthkuhlen zwischen Geldern und Issum schließlich weist von Trockenstandorten mit Magerrasen und kleinen Heidefeldern über Feuchtwiesen, Seggen- und Schneidenriede bis hin zu stehenden Gewässern, die meist durch Torfstich entstanden sind, und diversen Laubwaldbeständen eine Vielzahl an einzelnen Lebensraumtypen auf. Diese greifen zum Teil mosaikartig ineinander und schaffen damit ein wertvolles Biotopgefüge mit günstigen Bedingungen für viele Tier- und Pflanzenarten. Zentrale Lebensader dieses Gebietes ist der teilweise noch mäandrierende Flussverlauf der Fleuth.

Die landschaftlichen und natürlichen Schönheiten der Niederrheinischen Landschaft sind von Wander- und Radwegen, die zum Teil auch über die Deiche geführt werden, gut einseh- und erlebbar geworden. An einigen Stellen ermöglichen Aussichtskanzeln (zum Beispiel Hetter und Reeserward) einen Überblick über die Schutzgebiete oder informieren am Wegesrand (zum Beispiel im Kranenburger Bruch) über Tafeln. Darüber hinaus bieten das Informationszentrum in Kleve-Keeken oder das Haus Püllen in Wachtendonk einen fachkundigen und interessanten Einblick in die landschaftliche Vielfalt und den Artenreichtum am Niederrhein.

„Sie können kommen!"

Heiner Frost

„Zeig du mir deins, zeig ich dir meins!" Als ich kürzlich für eine Wien-Reise ein Apartment buchte und am Telefon mit Frau Grammelhuber, der Vermieterin, sprach, „wianerte" es aus dem Hörer: „Wo sahns denn hea?" (Woher kommen Sie?) Ich startete einen inneren Monolog zur Erkundung der Sachlage. Okay. Was zeigt der Niederrheiner der Wienerin, die immerhin ... ach was soll's. Das hier ist kein Wien-Reiseführer. Was also richtet man aus gegen Prater und Weltstadt – gegen Burgschauspieler, Wiener Symphoniker und Hofreitschule, gegen Heurigen und Walzerseligkeit? Was haben denn wir? Flachland vielleicht. Richtiges Flachland. Zigkilometerflachland.

Mag sein, dass es Menschen gibt, die zum Wandern nicht nur Ausdehnungs-, sondern auch Höhenmeter brauchen. Die müssen dann ... Stopp: Die können natürlich auch kommen. Es gibt, auch wenn es vielleicht nicht gern geglaubt wird, ruppige Steigungen. Endmoränenbedingte Ertüchtigungsrampen für Wanderer und Radfans. Mit anderen Worten: Manchmal hügelt auch der Untere Niederrhein.

Steigungen führen zwar nicht unbedingt in Regionen oberhalb der Baumgrenze, sind aber trotzdem grenzregional begehrt. Holland lässt grüßen. Für die Steigungen im Kranenburger Raum kommen eigens Touristen. Mit dem Rad. Mit dem Rennrad! Sie kommen aus dem Nachbarland und üben

Ob entlang an Deichen ...

... oder querfeldein:
Der Kreis Kleve ist ein
Paradies für Radfahrer.

für die Rennwirklichkeit. Natürlich geht es auch ohne Rennrad. Ganz gemütlich.

„Zeig du mir deins, zeig ich dir meins!" Wir halten fest: Für die Fernsicht muss nicht geklettert werden. Die kommt parterre. Je nach Jahreszeit gibt es am Streckenrand reichlich Spezialnahrung: Spargel, Grünkohl, Stilmus. Wanderer und Radler teilen sich den Kreis. Alle kommen auf ihre Kosten. Fahren im Reichswald. Fahren auf dem Deich. Fahren entlang alter Römerstraßen. Fahren von einem Museum zum anderen (es gibt reichlich Angebote).

Es lässt sich alles so herrlich verbinden. Gut – der Niederrheiner weiß: Gegenwind ist immer, aber das muss ja nicht erwähnt werden. Wir sind ja unter uns. Wer an den Niederrhein kommt und erst im Angesicht des Flachlandes auf radwandlerische Gedanken kommt, muss nicht laufen, denn: Das Niederrheinrad gibt es längst auch leihweise.

An einer Stelle aufsteigen, anderswo absteigen und das Rad da lassen. Auch der Rhein kann überquert werden. Indirekt jedenfalls. Schließlich gibt es Fähren. Und es gibt Passagierschiffe, die man als Radler entern kann. Von Rees nach Xanten – das wäre eine solche Strecke. Oder: von Rees nach Emmerich am Rhein.

Natur gibt es reichlich – auch geschützte. Wer die Angebote der einzelnen Städte und Gemeinden durchstöbert, merkt schnell, dass Radfahren ein großes Thema ist. Geführte Radtouren werden zuhauf angeboten, und die Fietser – so nennt man hierzulande die Radfahrer – bekommen in der vom Kreis aufgelegten Radwanderkarte viele Anregungen mit auf den Weg.

Im Angebot: Fernradwanderwege (wer weiß schon, dass ein Teil des berühmten Jakobsweges auch durch den Kreis Kleve führt?), Rundradwanderwege und die verschiedensten Themenrouten. Allein für die sogenannten „Kreis-Kleve-Touren" stehen insgesamt 370 Streckenkilometer zur Verfügung.

Wandern und Radeln ziehen ja ihren Reiz nicht zuletzt aus dem, was vorbeizieht, während man unterwegs ist. Es gibt den Rhein, die Römer und den Reichswald. Und: Nicht nur der Tourist wandert. Auch der Einheimische – manchmal in besonderer Mission. Wallfahrt nach Kevelaer zum Beispiel. Oder nach Kranenburg. Auch wer zu Fuß unterwegs ist, wallfahrtet.

Das Streckennetz in Sachen Rad und Wandern lässt kaum Wünsche offen, und für satellitengestützte Ausflüge ist sogar elektronisch abrufbares Kartenmaterial vor-

Sportlich und zu Fuß – Nordic Walking erfreut sich bei Einheimischen und Besuchern einer großen Beliebtheit.

handen. Auch Herrensitze findet der Radtourist. Sie sind so zahlreich, dass eigens Herrensitzrouten an ihnen vorbei und zu ihnen hin führen. Einmal im Jahr findet der niederrheinische Radwandertag statt. Da ist auch im Kreis Kleve einiges los. Strecken ohne Ende. Fest steht, es reicht für mehr als einen Urlaub. Immer wieder gern genommen: Radeln auf dem Deich – vorbei am Rhein oder am Altrhein. Und wenn die graue Jahreszeit beginnt, sind auch die Wildganskolonien häufig angesteuerte Ziele.

Und wie kommt man sonst noch vom Fleck? Es geht schließlich nicht nur auf zwei Rädern oder zu Fuß. Wie wär's mit dem Hufquartett? Pferdemathematik im Kreis Kleve geht so: Die Anzahl der gemeldeten Pferde beträgt 6200. Die Anzahl der gemeldeten Bevölkerung liegt bei gut 300 000. Das ergibt eine Pferdedichte von 0,0206666 Pferd pro Einwohnerin oder Einwohner. Sagt der Taschenrechner. Die Zahl der Pferdehalter beträgt laut Statistik circa 1025. Nun denn: Pferdehalter sind also Mehrfachbesitzer – statistisch gesehen kommen auf einen Halter 6,0487804 Pferde.

Rund 45 Reiterhöfe und Reitställe gibt es im Kreis Kleve. Etwa 700 Zuchtpferde vermerkt die Auflistung. Der Kreispferde-zuchtverein hat knapp 500 Mitglieder. Auch Vereine rund ums Pferd sind registriert: Alles in allem dürften es rund 45 sein. Zu nennen sind Reit-, Fahr-, Vielseitigkeits-, Voltigier- und Pferdesportvereine. Versteht sich von selbst, dass dort, wo viel Pferd und Verein gezählt werden, auch reichlich Turniere stattfinden.

Das Internet zeigt sich gesprächig. Mal bei der Grammelhuber nachfragen, wie es in Wien mit den Pferden ausschaut. Dabei am besten unterschlagen, dass die fleischliche Grundlage des niederrheinischen Sauerbratens – sagen wir – nicht von der Kuhweide stammt.

Früher wurde der Reiter von seinem Pferd von A nach B transportiert. Die Zeiten ändern sich. Heute transportiert mancher Reiter sein Pferd zunächst einmal Richtung Wald, um dann zum Ausritt aufzusitzen. Es gibt einiges an Strecke: Das Reitwegenetz im Kreis Kleve umfasst rund 500 Kilometer.

Wer wandert und radelt und demnach selten oder nie auf dem Pferd sitzt, weiß nicht unbedingt, dass Ross und Reiter nach dem Landschaftsgesetz „ein gut sichtbares, am Pferd beidseitig angebrachtes gültiges Reitkennzeichen und eine gültige Reitplakette führen" muss. Und zwar mit sich. „Für deren Ausgabe ist eine Gebühr zu entrichten, die sogenannte Reitabgabe. Die Reitabgabe ist zweckgebunden für Anlage und Unterhaltung von Reitwegen im Kreis Kleve. Je höher die Einnahmen aus der Reitabgabe sind, desto mehr Geld kann in die Unterhaltung und den Ausbau des Reitwegenetzes im Kreis Kleve investiert werden", informiert der Kreis.

Sehr geehrte Frau Grammelhuber. Nach eingehender Recherche darf ich Ihnen den Kreis Kleve (siehe oben) in jedem Fall empfehlen. Vielleicht wandern Sie gern oder fahren mit dem Rad? Nicht nur in Wien gibt es das Leihradl – hier heißt's halt Fiets.

Auch in Sachen Pferde müssten Sie bei uns auf nichts verzichten, außer vielleicht auf die Fiakerfahrt rund um den Stephansdom. Ein Gegenbesuch bei uns im Kreis Kleve sollte für Sie in jedem Fall interessant sein. Es muss ja nicht immer gepratert werden. Ich freue mich auf Ihren Besuch. ■

Rund 500 Kilometer
ausgewiesene Reitwege
durchziehen das Kreis-
gebiet.

Der Kreis Kleve mag es facetten-reich – ein abwechslungsreicher Veranstaltungskalender

Hans-Josef Kuypers

Dass der Kreis Kleve zu den reizvollen und facettenreichen touristischen Zielen in der Republik gerechnet werden darf, muss man niemandem erzählen, der diese attraktive Region am Niederrhein entlang der niederländischen Grenze selbst schon einmal

Um diese Spitzenposition weiter auszubauen, kümmert sich die Wirtschaftsförderung Kreis Kleve GmbH (WfG) auch um die erforderliche touristische Infrastruktur und hat im Hintergrund für die erfolgversprechenden Weichenstellungen

Mehrere Tausend Menschen zieht das Kevelaerer Heißluft-Ballon-Festival in jedem Jahr an.

erkundet hat. Immerhin spielt der Kreis Kleve mit mehr als 820 000 Übernachtungen im Jahr, mit nahezu 400 Ferienwohnungen, über 40 Reisemobilplätzen und mehr als 2000 Kilometern Radwanderwegen eine unbestritten dominante Rolle im touristischen Bereich des Niederrheins. Davon zeugt auch der Niederrheinische Radwandertag, der in jedem Jahr etwa 30 000 Teilnehmer in die Pedale treten lässt.

gesorgt. Auf der Welt-Gartenbauausstellung Floriade 2012 in Venlo beispielsweise wurde den Besucherinnen und Besuchern ein kreisweites Netz von E-Bike-Ladestationen beiderseits des Rheins präsentiert. Aber auch mit purer Muskelkraft können Fahrradtouristen eine Fülle von naturnahen und historischen Themenrouten in der Niederrhein-Region erkunden: die NiederRheinroute, die Via Romana, die Fossa-Route, die

© M. Hay

Herrensitz-Route, die 3-Flüsse-Route, der Niers-Radwanderweg oder gar der Rhein-RadWeg, der gemeinsam mit Niederrhein Tourismus vom Drachenfels bis zum grenznahen Emmerich am Rhein beworben wird.

Ein geplantes Projekt der Kreis-WfG, wirtschaftliche und touristische Interessen im Kreis Kleve zu verknüpfen, ist der „Tag der offenen Werkstatt", an dem sich interessierte und ebenso interessante Vertreter des gestaltenden Handwerks über die Schulter sehen lassen.

Dazu gehört aber auch ein riesiges Paket über das ganze Jahr verteilter attraktiver Veranstaltungen, die immer mehr Besucher in die 16 Städte und Gemeinden des Kreises Kleve locken. Der jährlich erscheinende Veranstaltungskalender „Feiern mit Freu(n)den im Kreis Kleve" informiert über die Fülle der interessanten und abwechslungsreichen Termine – auf einen Blick und kostenlos.

So weist das Heft beispielsweise auf die Stringtime Niederrhein in Goch, das Weber-

marktfest in Kerken-Nieukerk, das Silberjubiläum der internationalen Pferderallye Velden-Straelen oder das Haldern Pop Festival in Rees hin. Issum lädt zur Live-Musiknacht gleich in neun Kneipen ein. Unter dem Titel „Enge Gassen und dicke Mauern" werden Interessierte durch den historischen Ortskern von Kranenburg geführt. In Weeze baut erstmals das „Mittelalterliche Phantasie Spectaculum" seine Zelte auf. Uedem lockt Radsportbegeisterte schon seit über 30 Jahren zur „Runde von Uedem" in die Schuster-Gemeinde. Und in Kevelaer werden seit mehr als 20 Jahren wunderschöne alte Autos zur traditionellen Oldtimer-Ausfahrt und Tausende Besucherinnen und Besucher zum Kevelaerer Heißluft-Ballon-Festival erwartet.

In der alten Hansestadt Kalkar wird eine Stadtführung mit dem Titel „Kalkarer Kaufleute und die Hanse" angeboten. Ferner öffnet das Museum Schloss Moyland wieder seinen Garten zum Kräutergartenfest. Traditionell lädt auch regelmäßig die Burgruine

Die „Runde von Uedem" lockt seit über 30 Jahren nicht nur Radsportbegeisterte in die Schustergemeinde.

Wachtendonk zum Jazz ein. Als besonderer Hingucker gilt ebenfalls das Schmuggler-spektakel (Kostümfest) in Geldern-Walbeck. In Rheurdt findet die Handwerker- und Werbemesse statt. Zum Klevischen Klavier-sommer wird ferner in der Schwanenstadt aufgespielt. Und Emmerich am Rhein schmückt sich auf der Promenade im bunten Lichterglanz.

An den Kreis Klever KulTourtagen, die einmal jährlich an einem Wochenende zeit-gleich mit dem Internationalen Museumstag stattfinden, öffnen über 30 Museen, Projekt-räume, Theater und Musikschulen ihre Türen und bringen den Interessierten die kulturellen Schätze der Region bei freiem Eintritt näher.

Ein weiteres Highlight im Veranstal-tungskalender ist das Jugendfestival Cou-rage. Unter dem Motto „Für Toleranz und gegen Gewalt" lockt das Festival für die ganze Familie Jahr für Jahr bis zu 8000 junge und junggebliebene Besucher in den Schlosspark vor der prächtigen Kulisse des Museums Schloss Moyland in Bedburg-Hau. ■

Blick in die jüngere Vergangenheit – Der Kreis Kleve als Teil der preußischen Rheinprovinz

Dr. Beate Sturm

Das ausgehende 18. und beginnende 19. Jahrhundert waren eine Zeit der politischen Umwälzungen – auch am Niederrhein. War die Verwaltung hier schon in der Franzosenzeit neu geordnet worden, so erfolgten weitere Neugliederungen mit dem Übergang des Rheinlandes an Preußen auf dem Wiener Kongress (1815). Preußen orientierte sich dabei nicht an den historischen Grenzen, sondern strebte möglichst ausgeglichene Verhältnisse an. Der Staat wurde in Provinzen, Regierungsbezirke, Kreise und Kommunen eingeteilt – eine Gliederung, die prinzipiell heute noch besteht. Für kurze Zeit gab es damals den Regierungsbezirk Kleve, bestehend aus den Kreisen Dinslaken, Geldern, Kempen, Kleve, Rees und Rheinberg. Kostengründe führten jedoch bereits im Juni 1822 zu seiner Auflösung.

Die Rheinprovinz

Mit Auflösung des Regierungsbezirks Kleve gründete Preußen die als Rheinprovinz bekannte Verwaltungseinheit. Sie entstand 1822 aus dem Zusammenschluss der preußischen Provinzen Niederrhein und Jülich-Kleve-Berg. Der Bezirk trug zunächst die Bezeichnung „Die Rheinprovinzen". 1830 wurde er in Rheinprovinz umbenannt.

Wie alle preußischen Provinzen unterstand die Rheinprovinz einem Oberpräsidenten. Er saß mit den anderen staatlichen Verwaltungsbehörden der Provinz in Koblenz. Die Provinz selbst gliederte sich in fünf Regierungsbezirke. Die Rechtsvorgänger des heutigen Kreises Kleve – die 1816 gegründeten Kreise Kleve (bis 1935 Cleve), Geldern, Rheinberg (später Moers,

gegründet 1857) und Rees – gehörten dem Regierungsbezirk Düsseldorf an.

Territoriale Veränderungen erfuhr die Rheinprovinz durch den Versailler Vertrag (1919) und Verordnungen der 1930er-Jahre. Mit der Auflösung Preußens wurde auch die Rheinprovinz aufgelöst: Die Regierungsbezirke Koblenz und Trier bildeten einen Teil der französischen Zone (ab 1946 Rheinland-Pfalz). Die restlichen Teile wurden mit der preußischen Provinz Westfalen am 23. August 1946 in das neue Bundesland Nordrhein-Westfalen eingegliedert.

Die Verwaltung der Kreise Kleve und Geldern im 19. Jahrhundert

Die im preußischen Staat eingerichteten Kreise unterstützten die Kommunen in der Ausübung ihrer Amtsgeschäfte und waren damit ein Bindeglied zwischen der staatlichen Verwaltung und den Gemeinden. Auch in preußischer Zeit gab es Veränderungen auf Ebene der Kreise und Stadtkreise: 1823 zum Beispiel wurde der Kreis Rheinberg aufgelöst und dem Kreis Geldern angeschlossen. 1857 hingegen wurde aus Teilen des Kreises Geldern und des ehemaligen Kreises Rheinberg der Kreis Moers gebildet. Die Einteilung in Verwaltungseinheiten war somit auch in Preußen nicht statisch.

Wie alle preußischen Kreise bestanden auch die Kreise Kleve und Geldern aus einzelnen Gemeinden. Sitz der Kreise (sogenannte Landratsämter) waren die Stadtgemeinden Kleve und Geldern, hier befanden sich auch die zuständigen Finanzämter. Beide Kreise gehörten zum Landgericht

Kleve mit Amtsgerichtssitz in Kleve und Goch (Kreis Kleve) bzw. Geldern (Kreis Geldern).

An der Spitze der Kreise stand der Landrat, der bis 1817 landrätlicher Kreiskommissar genannt wurde. Anders als heute war der Landrat damals verlängerter Arm der Bezirksregierung, denn die von Preußen angestrebte kommunale Selbstverwaltung wurde erst im ausgehenden 19. Jahrhundert umgesetzt. Der landrätlichen Verwaltung kamen bereits im 19. Jahrhundert vielfältige Aufgaben zu, wie zum Beispiel Gewerbepolizei, Schul- und Kultusangelegenheiten, Rekrutierung und Mobilmachung, Polizei- sowie Gesundheitswesen und die Erhebung von direkten Staatssteuern. Zur Erledigung dieser Aufgaben standen dem Landrat Kreisbedienstete zur Seite wie zum Beispiel Kreissekretär, -assistent, -bote, -baumeister, -physikus und -tierarzt. Die Verwaltung war somit auch in preußischer Zeit hierarchisch gegliedert und

rechts: Bestallungs-urkunde zum Kreis-Physikus aus dem 19. Jahrhundert

Das alte Kreishaus in Kleve

in einzelne Sachgebiete mit festen Zuständigkeiten unterteilt.

Die Kreisbediensteten nahmen jeweils verschiedene Aufgaben in ihrem Sachgebiet war. Die Geschäfte des Kreisphysikus zum Beispiel umfassten unter anderem die Verhütung von ansteckenden Krankheiten, die Beseitigung von Abfällen, die Kontrolle der Armen- und Krankeninstitute und der Gefängnisse, die Versorgung der bedürftigen Kranken sowie die Aufsicht über

Medizinalbeamte, Apotheken und über Obduktionen.

Zusammenfassung

Die hier geschilderte preußische Verwaltungsgliederung gehört bereits einige Jahrzehnte der Vergangenheit an. Dennoch gibt es Parallelen zwischen der Verwaltung der preußischen Kreise und der Kreise, die wir heute kennen – nicht nur, was die Organisation der Kreisverwaltung betrifft, sondern auch bezüglich der Eingliederung der Kreise in ein hierarchisches Staatssystem. Heute gehört der Kreis Kleve mit den kreisangehörigen Kommunen als Teil des Regierungsbezirks Düsseldorf im Landschaftsverband Rheinland zum Bundesland Nordrhein-Westfalen, das wiederum Teil der Bundesrepublik Deutschland ist. Von 1822 bis 1945 waren die Rechtsvorgänger des heutigen Kreisgebietes ebenfalls Teil solch eines hierarchischen Systems: Mit ihren kreisangehörigen Kommunen gehörten sie als Teil des Regierungsbezirkes Düsseldorf zur Rheinprovinz, die wiederum mit anderen Provinzen den Staat Preußen bildete. ◾

Modern, freundlich und
funktional – so präsen-
tiert sich heute die Kreisverwaltung in Kleve.

Alte Kunst neu entdecken – Neugotik vom Niederrhein

Dr. Peter Lingens

Vieles im Kreis Kleve ist typisch niederrheinisch und macht den besonderen Reiz der Region, ihrer Landschaft und Kultur aus. Im Bereich der Kunst ist es sicherlich die Neugotik, die man als typisch bezeichnen kann. Sie wird in den letzten Jahren wieder neu entdeckt. Hier am Niederrhein entstanden die Zeugnisse dieser Kunstphase zwischen 1850 und 1920, vor allem aber in den Jahrzehnten direkt vor und nach 1900. Ihre typischen spitzbogigen Merkmale und Anklänge an den Mittelaltergeschmack der Zeit prägten das Bild der Städte in der Architektur der Häuser, öffentlichen Gebäude und Kirchen. Berühmt sind die neugotisch umgebauten Schlösser in Bedburg-Hau-Moyland und Weeze-Wissen.

Wirklich einzigartig und besonders ist jedoch die niederrheinische Schule der neugotischen Kirchenkunst, die von ihrem Zentrum – dem Wallfahrtsort Kevelaer – in alle Dörfer und Städte des heutigen Kreisgebietes und weit darüber hinaus ausstrahlte. Keimzelle war das Maleratelier von Friedrich Stummel in Kevelaer. Seine Schüler Heinrich Holtmann und Gerhard Schoofs eröffneten später weitere Ateliers in Kevelaer, die Schüler Heinrich und Gerhard Lamers waren in Kleve tätig. Heinrich Brey war der berühmte Kirchenmaler aus Geldern. Sie alle verbreiteten diese Kunstrichtung – immer in enger Zusammenarbeit mit Bildhauern und anderen Spezialisten wie Goldschmieden oder Stickwerkstätten. In farbiges Licht wurde alles durch die Glasmalereien der Firma Derix getaucht – zunächst in Goch, später in Kevelaer angesiedelt. Die Bildhauer August Dierkes und Jakob Holtmann in Kevelaer schufen die passenden Skulpturen und Altäre, am berühmtesten sind aber die geschnitzten Flügelaltäre von Ferdinand Langenberg aus Goch. In Gemeinschaftsarbeit all dieser Männer und Kunsthandwerker entstanden große, bemalte Schnitzaltäre und ganze Kirchenausstattungen – von gestickten Fahnen über die Wandmalerei bis zu den Kelchen und Monstranzen aus Gold.

Die Fähigkeiten dieser Männer waren so berühmt, dass junge Männer und auch Frauen aus ganz Europa – von der holländischen Nordsee bis zur polnischen Ostsee – an den Niederrhein kamen, um hier die neugotische Kirchenkunst zu lernen. In manchen Orten gab es über Jahre Dutzende große und kleine Ateliers und Hunderte Schüler. Sie lernten hier und trugen ihr Wissen ins ganze Deutsche Reich weiter, vor allem ins Rheinland und nach Westfalen, wo die niederrheinischen Ateliers einen hervorragenden Ruf genossen. Sie trugen ihre Kunst aber auch in andere europäische Länder und sogar in die USA, nach China und Jerusalem. Kunst als Wirtschaftsfaktor und Exportschlager!

Trotz Kriegsverlusten sowie Änderungen im Kunstgeschmack und in der Liturgie sind viele Kunstwerke auch nach über hundert Jahren noch an ihrem ursprünglichen Platz in den katholischen Kirchen zu bewundern. Beeindruckende Gesamtkunstwerke aus Architektur, Glasfenstern, Wandmalereien, Schnitzaltären, Tafelbildern, Skulpturen und Goldschmiedearbeiten findet man – von Nord nach Süd – zum Beispiel in Kirchen und Kapellen in Kleve-Keeken, in Weeze-Wemb oder Weeze-Wissen, natürlich in der Wallfahrtsbasilika in Kevelaer, in Geldern-Hartefeld, Geldern-Pont, in den Kirchen in Kerken-Aldekerk und in Kerken-Nieukerk,

Judaskuss und Ölberg-
szene, Vorraum der
Marienbasilika in Keve-
laer, geschaffen von
Friedrich Stummel

Rheurdt-Schaephuysen und Wachtendonk-Wankum. Aber auch in kriegszerstörten Kirchen, wie in Kalkar-Grieth oder Weeze, wurden die neugotischen Ausstattungsstücke restauriert und wieder aufgestellt.

Was den Besucher in allen diesen Kirchen erwartet, mag ein Beispiel aus einem kleinen Dorf zeigen: Im Fall der katholischen Kirche St. Antonius in Geldern-Hartefeld stammt das in den 1890er-Jahren errichtete Gebäude von dem Architekten Julius Busch (Kevelaer/Neuss), die Fenster entwarf Friedrich Stummel (Kevelaer), ausgeführt wurden die Glasmalereien von den Firmen Derix (Kevelaer) und Menke (Goch), die ursprünglichen Wandmalereien stammten von Heinrich Brey (Geldern), die Altäre schuf die Werkstatt Ophey (Geldern), und die Bildhauer Jakob Holtmann und Heinrich Moors (beide Kevelaer) und Ferdinand Langenberg (Goch) schnitzten die Figuren, die wiederum von den Malern Heinrich Brey (Geldern) und Heinrich Repke (Wiedenbrück) bemalt wurden. Mit Ausnahme des Letztgenannten stammten alle Kunsthandwerker aus dem heutigen Kreis Kleve.

Diese für den heutigen Geschmack teilweise zu realistischen oder süßlichen religiösen Kunstwerke im neugotischen Stil waren vor 1890 aber auch eine politische Demonstration im Kampf zwischen Katholiken und preußischer Staatsmacht. Gute Kunstführer sollten diese Zusammenhänge erläutern. Manche Orte und manche Kirchen bieten solche Führungen.

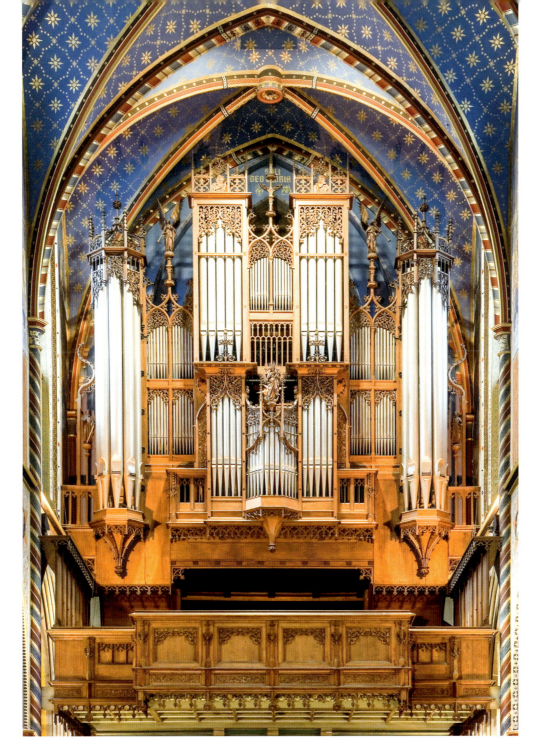

Orgel in der Marien-
basilika im Wallfahrtsort
Kevelaer

Verfehlen kann man die vielen Orte der Kunst nicht: Die Kirchtürme weisen den Weg in der flachen Landschaft. Am schönsten ist eine Entdeckungsreise auf kleinen und größeren Radtouren. Hier auf dem Land stehen die Kirchen oftmals offen oder der Schlüssel ist in Nachbarhäusern zu bekommen. Neben den Kirchen und Kapellen kann man an Straßen und Wegen Heiligenhäuschen, Flurkreuze und historische Friedhöfe entdecken. Sie sind nicht nur Orte der inneren Einkehr, sondern auch Kunst am Wegesrand. Zu solch einem stillen Spaziergang zu Kunst unter Bäumen lädt die prächtige Kreuzweganlage in Kevelaer ein; es gibt nur wenige Anlagen ihrer Größe und Pracht in Deutschland.

Eine Entdeckungsreise zu den niederrheinischen Kleinoden aus der Zeit um 1900 lohnt sich. Diese kirchliche Kunst erhielt ihre Prägung im Gebiet des heutigen Kreises Kleve und ist typisch für die Region. ■

Niederrheinische Identität im Blick – kultureller Reichtum im Kulturraum Niederrhein

Dr. Ingrid Misterek-Plagge / Dr. Britta Spies

Oktoberfeste finden heute nicht nur in München, sondern auch in Köln oder Kleve statt, und ebenso in Amerika, Japan oder Australien. Die Hamburger Marktschreier sind nicht nur auf dem Fischmarkt, sondern in nahezu jeder deutschen Innenstadt zu Hause. Und während die Heischegänge zu St. Martin am Niederrhein immer mehr in Vergessenheit geraten, fordern deutsche Kinder seit einigen Jahren mit Begeisterung am 31. Oktober in ihrer Nachbarschaft „Süßes oder Saures" ein und überführen so die amerikanische Tradition „Halloween" nach Deutschland.

Heute steht den meisten Menschen die Welt nicht nur offen – sie kommt sogar zu ihnen nach Hause: Essen, Kleidung, Bräuche und Traditionen aus fremden Ländern und von anderen Kontinenten sind heute im Alltag selbstverständlich geworden. Sie bereichern das Leben und bringen Menschen aus verschiedenen Kulturen einander näher. Und diese vielfältigen Erfahrungen haben häufig auch noch einen weiteren Effekt: Sie schärfen den Blick für die eigene regionale Identität und werfen Fragen nach den Besonderheiten des jeweiligen Lebensraums auf.

Die regionale Zuordnung fällt den Menschen im Kreis Kleve nicht schwer: Sie sind Niederrheiner – und stolz darauf. Aber daraus ergeben sich weitere Fragen, die oft schon schwerer zu beantworten sind: Wo genau ist der Niederrhein? Was macht diese Region aus? Und was prägt das Leben der Menschen in diesem schmalen Streifen zwischen Rhein und niederländischer Grenze?

Ein Blick in die Geschichte zeigt, warum diese Fragen teilweise so schwer zu beantworten sind: Der Niederrhein hat keine homogene Geschichte, er ist weder sprach- noch kirchengeschichtlich, weder volkskundlich noch kulturhistorisch eine Einheit – und territorialgeschichtlich schon gar nicht. Ihm fehlt eine identitätsstiftende Mitte, wie sie Köln für das Rheinland und Münster für Westfalen bildet, oder eine gemeinsam durchlebte prägende Epoche wie die Industrialisierung, die etwa das Ruhrgebiet zu einer Region zusammengeschweißt hat. Aber auch wenn solche markanten Marksteine fehlen: Die Menschen im Kreis Kleve wissen, sie sind Niederrheiner!

Seit 1992 bietet der Verein Kulturraum Niederrhein e. V. eine Plattform, um Fragen zur niederrheinischen Identität und Kultur zu diskutieren, mögliche Antworten zu formulieren und Ideen für Projekte in der Region zu entwickeln. Die ersten Impulse für die Gründung des Vereins kamen aus der Bürgerschaft. Inzwischen hat sich der Kulturraum Niederrhein zu einer Dachorganisation für Kreise, Kommunen, Vereine, Firmen, Banken, Verbände und Privatpersonen entwickelt. Diese Partner bilden ein lebendiges und leistungsfähiges Netzwerk, in dem sich auch die Städte und Gemeinden im Kreis Kleve stark engagieren. Die grundlegende Idee war und ist, den kulturellen Reichtum der Region herauszustellen und Bewohnern und Besuchern gleichermaßen nahezubringen. Denn tatsächlich verfügt der Niederrhein über eine ungeheuer dichte, historisch gewachsene kulturelle Vielfalt.

In den vergangenen Jahren hat der

Kulturraum Niederrhein e. V. mit Unterstützung der Regionalen Kulturpolitik des Landes Nordrhein-Westfalen zahlreiche Projekte initiiert oder begleitet, in denen Kultureinrichtungen und Kulturschaffende, historische Denkmale und moderne Kunst, Natur und Musik und – nicht zuletzt – Deutsche und Niederländer zusammengeführt wurden. Viele dieser Projekte haben im Kreis Kleve stattgefunden: So waren das Museum Kurhaus Kleve und das Museum Schloss Moyland Teil des deutsch-niederländischen Kooperationsprojektes „Crossart" mit dem Schwerpunkt Kunst der klassischen Moderne und der Gegenwart. Der Park von Schloss Moyland sowie der Forstgarten in Kleve bilden markante Punkte auf der „Straße der Gartenkunst zwischen Rhein und Maas". Die Herrenhäuser Burg Boetzelaer bei Kalkar, die Reckenburg in Emmerich am Rhein, das „Belvédère" B. C. Koekoek in Kleve, die sogenannte „Boye" von Schloss Wissen und das Schloss Herte

feld in Weeze werden neben anderen Baudenkmalen im Verein „Culture and Castles" vermarktet. Sie bieten alle zwei Jahre eine attraktive Bühne für die Konzerte der MUZIEK BIENNALE NIEDERRHEIN, ein Gemeinschaftsfestival aller Konzertveranstalter dies- und jenseits der deutsch-niederländischen Grenze, das zu den erfolgreichsten Projekten des Vereins Kulturraum Niederrhein zählt. Im Themenjahr 2012 „Garten EDEN" fand die Eröffnung in der Gegend statt, in der einer niederrheinischen Legende nach das Paradies verortet ist: im Kreis Kleve – auf Schloss Wissen.

Die zahlreichen Kooperationsprojekte mit vielen unterschiedlichen Partnern haben dazu beigetragen, der Region Niederrhein und dem Kreis Kleve ein stärkeres Profil zu geben – denn Kultur bereichert nicht nur das Leben des Einzelnen, sondern ist wichtiger Bestandteil der Außen- und Selbstwahrnehmung. Kultur findet jedoch nicht nur in den dafür eingerichteten Institutionen,

Das Amphitheater in der historischen Parkanlage in Kleve ist immer wieder Ort zahlreicher kultureller Events.

den Museen, Archiven, Theatern und Konzerthäusern statt. Kultur spiegelt sich auch in der Sprache, dem Essen, der Kleidung, den Festen und Bräuchen der Menschen wider und ist somit Bestandteil des Alltags. Wer könnte also besser Auskunft geben, was das Leben am Niederrhein ausmacht, als die Experten des Alltagslebens, die Niederrheiner selbst?

Diesen Ansatz verfolgt der Kulturraum Niederrhein seit einigen Jahren mit dem Projekt „Niederrhein Inkognito", bei dem eine kulturelle Biografie für den Niederrhein erarbeitet werden soll. In den Niederlanden hat die Arbeit mit vergleichbaren Konzepten schon weite Kreise gezogen. Ähnlich wie bei einer persönlichen Biografie soll mit einer kulturellen Biografie der „Lebenslauf" einer Region nachvollziehbar werden. Was hat eine Region zu dem gemacht, was sie ist? Wodurch unterscheidet sie sich heute von anderen Regionen? Und: Wie wird sie sich in Zukunft entwickeln? Aber anders als bei der Biografie eines Menschen sind an der Entwicklung der kulturellen Biografie einer Region unzählige Männer und Frauen über Generationen hinweg beteiligt. Die Erfahrungen und Hinterlassenschaften dieser früheren Bewohnerinnen und Bewohner bilden das historische Rückgrat der Region. Das aktuelle Profil wird hingegen durch das Wissen, die Wünsche und die Kreativität der heutigen Bewohnerinnen und Bewohner bestimmt. Die Arbeit an und mit dem Konzept der kulturellen Biografie umfasst somit sehr viel mehr, als nur die Aufarbeitung der Geschichte eines bestimmten geografischen Raums durch ausgebildete Experten. Ziel ist es, möglichst viele Menschen dazu zu bringen, sich aktiv zu beteiligen, Projekte zu entwickeln, Kooperationen einzugehen und so ihr eigenes Leben mit der Biografie ihres Lebensraums zu verknüpfen. Die Frage nach der eigenen und der regionalen Identität und das gemeinsame Handeln und Gestalten wird somit zum Motor einer Zukunftswerkstatt für den Niederrhein.

Der Rahmen für mögliche Projekte ist dabei weit gesteckt. Es geht um Orte der Erinnerung, Geschmacksprägungen,

Fortsetzung Seite 48

Auf vielen Theater- und Kleinkunstbühnen wird im Kreis ein attraktives Programm gespielt.

Der Kulturraum Niederrhein e. V. ist die Dachorganisation für die regionale Kulturarbeit der Kreise, Kommunen, Vereine, Firmen, Banken, Verbände und Privatpersonen am Niederrhein. Er gründete sich 1992, um ein leistungsfähiges Netzwerk für die Kultur der Region zu schaffen.
Seit 1997 ist der Kulturraum Niederrhein e. V. Koordinierungsstelle und Motor der Regionalen Kulturpolitik des Landes. In dieser Funktion berät und vernetzt er Projektinitiatoren und bündelt das kulturelle Leben der Region in konkreten Einzelvorhaben oder wiederkehrenden, meist grenzüberschreitenden Großveranstaltungen. Es geht ihm vor allem darum, das Beste des lokal Vorhandenen in regionalen Kontexten zusammenzuführen, kooperative und nachhaltige Arbeitsstrukturen aufzubauen und ein regionales Marketingdach anzubieten.
www.kulturraum-niederrhein.de
www.niederrhein-kult.de
www.muziekbiennale.eu
www.niederrhein-museen.de

Schloss Wissen befindet sich seit 550 Jahren in Besitz der Familie von Loë.

Auf einen Blick

Gründungsjahr: 1461 (Erwerb des Gutes Wissen durch die heutige Eigentümerfamilie)

Mitarbeiter: 20, davon 5 bei Culture & Castles

Betriebszweige:
– Landwirtschaft
– Biogasanlage
– Forstwirtschaft
– Immobilien
– Culture & Castles

Schloss Wissen Culture & Castles

Schloss Wissen ist seit 550 Jahren im Besitz der Familie von Loë – über die Jahrhunderte hinweg ein Unternehmen mit mehreren Betriebszweigen. Zu den über 16 Generationen gewachsenen Betrieben der Land- und Forstwirtschaft kam 2003 eine Biogasanlage hinzu. Das jüngste Kind auf Schloss Wissen ist „Culture & Castles", der Gäste- und Veranstaltungsbereich, der 2005 mit dem Ausbau der Boye aus der Taufe gehoben wurde.

Culture & Castles bietet auf Schloss Wissen individuelle Gastlichkeit in den Bereichen Tagun- *gen und Veranstaltungen (zum Beispiel Hochzeiten). Die aufwendig renovierte alte Wassermühle bietet Platz für standesamtliche Hochzeiten, Tagungen und Feierlichkeiten jeder Art, zu denen auch die drei historischen Säle des Schlosses einladen.*

Anspruchsvolle Gäste finden auf Schloss Wissen eine stilvolle Unterkunft in einer der 18 höchst individuellen Übernachtungsmöglichkeiten. In acht Komfortzimmern, fünf Juniorsuiten, vier Apartements sowie einer Hochzeitssuite dürfen sich die Gäste in unmittelbarer Nähe zum Schloss zu Hause fühlen.

Ob Familienfeiern, Tagungen oder Konferenzen – Schloss Wissen bietet seinen Gästen ganz besondere Räumlichkeiten.

■
Schloss Wissen
Culture & Castles
Raphaël Freiherr
von Loë, Weeze
www.schloss-wissen.de

private Sammlerstücke, Zeitzeugenerzählungen, die Bilder im Kopf und im Fotoalbum der Menschen. In Kunst- und Musikprojekten, kulturpädagogischen Aktionen, historischen Ausstellungen, literarischen Werken oder Theaterinszenierungen sollen diese Dinge an einen neuen Ort gebracht werden und so neue Aufmerksamkeit und Wertschätzung erfahren. Die Grenzen zwischen Zuschauern und Akteuren, Amateuren und Profis, Kulturnutzern und Kulturschaffenden sollen überschritten und Kommunikationsprozesse zwischen verschiedenen Gruppen angeregt werden. Ein Konzept, das sehr viel weiter geht, als die in vielen Bereichen schon realisierte bürgerschaftliche Beteiligung oder das übliche ehrenamtliche Engagement.

Ein erstes Pilotprojekt von „Niederrhein Inkognito" fand im Kreis Kleve statt: Im Jahr 2011 feierte der kleine Ort Schenkenschanz sein 425-jähriges Bestehen. Die Bewohner nutzten diesen Anlass, um sich auf vielfältige Weise mit der Geschichte und Gegen

wart ihres Heimatortes auseinanderzusetzen. Die Programmpunkte reichten vom traditionellen Schützenfest bis zur Ausstellung moderner Kunst, von historischen Vorträgen bis zur Aufführung von „Schänzer Spottliedern" und Exkursionen in die nahen Niederlande. An den meisten dieser Projekte waren die 99 Einwohner und Einwohnerinnen aktiv beteiligt.

„Teilhabe durch Teilnahme" für möglichst viele Akteure hat auch das 2011 gegründete „Museumsnetzwerk Niederrhein" zum Ziel. 20 bis 25 kulturhistorische Museen und Kultureinrichtungen aus der Region zwischen Rhein und Maas bilden inzwischen einen Ausstellungsverbund, der sich im Abstand von einem oder zwei Jahren ein gemeinsames Thema gibt, zu dem die einzelnen Häuser jeweils eigene Ausstellungen und Veranstaltungen vor Ort planen, die zu ihrem jeweiligen Profil passen. Gemeinsame Aktionen, Publikationen und Werbemaßnahmen begleiten die verschiedenen Aktivitäten.

Museen im Kreis Kleve

Matthias Grass

Die Klever Schuster blieben nicht bei ihren Leisten: Sie gründeten ein Museum. Das Schüsterkes-Museum erzählt nicht nur von schicken Schuhen, sondern vor allem auch von Kinderschuhen. Denn richtige Kinderschuhe mit linkem und rechtem Schuh wurden in Kleve erfunden. Bei Elefanten. Doch dort, wo einst die Werksirene Tausende Menschen in die Fabrik rief, ist heute ein Einkaufszentrum, und dort, wo die Schuhe

Die Vielfältigkeit der 16 Städte und Gemeinden spiegelt sich in der Kreis Klever Museumslandschaft wider – verteilt über die Kommunen von Emmerich am Rhein mit dem PAN kunstforum niederrhein und seiner Plakate-Sammlung im hohen Norden des Kreises bis nach Wachtendonk mit dem Alten Wasserwerk im Süden, in dem der Verein Aqua Ausstellungen präsentiert. Im Klever Ortsteil Rindern erinnert das Mu-

Das Museum Kurhaus Kleve ist eines der bedeutendsten Kunstmuseen am Niederrhein.

gelagert wurden, ein schickes Café mit Loft-Optik. Und das Klever Schuh Museum. Es steht beispielhaft für die vielen ehrenamtlich geführten Museen im Kreis Kleve, die aus bürgerlichem Engagement heraus gegründet wurden. Sie liegen wie glitzernde Lichter über den Flächenkreis verteilt um die beiden großen Häuser Museum Schloss Moyland und Museum Kurhaus Kleve.

seum Arenacum an Römer und Bataver. In Geldern zeigt der alte Bahn-Wasserturm wechselnde Ausstellungen, die von der Gruppe KUHnst organisiert werden.

Geprägt wird das Land des Kreises Kleve vom Rhein. Ihm und der Schifffahrt hat sich das Rheinmuseum in Emmerich am Rhein verschrieben, wo unter anderem mehr als 140 Schiffsmodelle von dem Fluss als Wirtschafts- und Lebensader erzählen.

Die Issumer Synagoge ist heute ein Museum und zeigt das Leben einer kleinen jüdischen Dorfgemeinde.

seinen süddeutschen Kollegen verstecken müssen. Es bleibt mittelalterlich: Im alten Stufengiebelhaus in Kalkar ist das dortige Museum untergebracht – darin wechselnde Ausstellungen moderner Kunst aus dem 19. und 20. Jahrhundert. Ein Stück weiter Richtung Niederlande wartet der spätmittelalterliche Katharinenhof in Kranenburg mit seiner Sammlung kirchlicher bis moderner Kunst.

Das Museum Goch ist ein städtisches Haus: Es bietet jungen Künstlern aus der Republik Raum, sich zu entfalten. Stolz ist die Museumsmannschaft auf die „kids openings" speziell für Kinder, die während der für die Kleinen nicht wirklich spannenden Eröffnungsreden kunstpädagogisch betreut werden.

Das Augenmerk des Niederrheinischen Museums für Volkskunde und Kulturgeschichte in Kevelaer liegt derzeit auf der in über 20 Räumen dokumentierten bäuerlichen und bürgerlichen Kultur mit den Schwerpunkten traditionelles Handwerk, Volksfrömmigkeit sowie Regional- und Ortsgeschichte. Ein Nachlass verspricht ihm eine Sammlung von Werken aus dem 19. und 20. Jahrhundert, darunter Blätter von Max Slevogt und Otto Mueller – zwei deutsche Vertreter des Impressionismus und Expressionismus.

Die Sammlung von Koenraad Bosman umfasst Gemälde niederländischer Maler der Romantik sowie der Französischen Schule des beginnenden 19. Jahrhunderts. Ihr ist das gleichnamige Museum in Rees gewidmet.

Weit in die Republik strahlen die Kunstmuseen Kurhaus Kleve und Schloss Moyland. Das Museum Kurhaus Kleve war Museum des Jahres 2004; das Museum Schloss Moyland hat eine der größten Sammlungen von Joseph Beuys weltweit und versteht sich als das Beuys-Zentrum schlechthin. Beide Museen zusammen ziehen in guten Jahren über hunderttausend Besucher in die Region. Beiden ist gemein, dass die Häuser in bedeutenden Gartenanlagen liegen. Moyland im umzäunten Areal des im 17. Jahrhundert angelegten und später von Dombaumeister Zwirner

Schifffahrt in den Bildern niederländischer Marine-Maler kennt auch das B. C. Koekkoek-Haus in Kleve: Das Spezialmuseum für die niederländische Romantik entführt im alten, klassizistischen Malerpalais aber vor allem in die grandiosen Landschaften von Barend Cornelis Koekkoek, der sich 1834 in Kleve niederließ und jenes Haus baute, in dem heute das Museum ist.

Ein Museum ist auch die Issumer Synagoge: Die Gemeinde erwarb das kleine Haus, das heute von dem einstigen religiösen Mittelpunkt einer bescheidenen jüdischen Dorfgemeinde zeugt. Die Kirche Sankt Nicolai in Kalkar ist ein „Muss" für alle Kunstfreunde. Denn sie birgt einen Schatz voller wertvoller Schnitzaltäre aus dem Mittelalter. Die Altäre belegen, dass die niederrheinischen Meister Arnt von Kalkar, Dries Holthuis oder Hendrik Douverman sich nicht hinter Riemenschneider und

Im Mittelpunkt des PAN kunstforums niederrhein in Emmerich am Rhein steht die Plakatkunst.

überarbeiteten, schließlich von den Landschaftsarchitekten Gustav und Rose Wörner rekonstruierten Schlosspark. Rose und Gustav Wörner restaurierten auch die von Prinz Moritz von Nassau-Siegen 1648 angelegte barocke Parkanlage, die das Kurhaus umgibt. Schloss Moyland beherbergt die Sammlung der Brüder Hans und Franz-Joseph van der Grinten. Sie haben auf Anraten ihres Freundes Joseph Beuys Kunst ausgehend vom 19. Jahrhundert gesammelt. Geradezu umfassend ist der Holzschnitt des deutschen Expressionismus vertreten – hier hat das Museum Blätter aller großen Namen: Ernst Ludwig Kirchner, Lyonel Feininger, Hermann Max Pechstein, Emil Nolde oder Heinrich Campendonk. Die Sammlung reicht von den britischen Malerradierern bis zu Joseph Beuys. Beuys' Kunst wird in halbjährlich wechselnden Ausstellungen aus dem großen Fundus seiner Zeichnungen präsentiert. Die Grundlagen zahlreicher seiner Werke, die in den großen Museen der Welt ausgestellt sind, wurden in diesen Zeichnungen angelegt.

Beuys spielt auch in seiner Heimatstadt Kleve eine bedeutende Rolle. Das Museum Kurhaus Kleve beherbergt das Atelier, in dem aus dem Schüler von Ewald Mataré der Weltkünstler Beuys wurde. Im Mittelpunkt steht aber die Sammlung des Hauses: Ausgehend vom Nachlass Matarés präsentiert das Kurhaus unter anderem Werke wichtiger Vertreter der arte povera, zum Beispiel von Giuseppe Penone und Mario Merz. Bilder der Vertreter der Düsseldorfer Fotoschule Gursky, Struth und Ruff faszinieren ebenso wie ein exquisites Ensemble von Werken des Schweizer Malers Franz Gertsch. Dessen großes Porträt „Silvia" gehört zu den Aushängeschildern des Museums. Im Grafikkabinett wird die Sammlung Angerhausen präsentiert, die die Geschichte des Niederrheins erzählt. Die Mittelaltersammlung lockt mit Heiligen, die die Schnitzer Arnt, Douvermann oder Holthuis ins Eichenholz schnitten. Passend zur stillen, klösterlichen Architektur des Museums. ■

Kevelaer – bedeutender Marien-Wallfahrtsort in Europa

Ruth Keuken

Ein Frühsommertag in Kevelaer. Auf dem Kapellenplatz im Herzen der Marienstadt begegnen sich Wallfahrer und Touristen, Pilgergruppen und Familien, Kevelaerer und ihre Gäste. Sie kommen aus verschiedenen Generationen und aus aller Herren Länder. Seit mehr als 370 Jahren prägt die Wallfahrt zur Gnadenkapelle mit dem Marienbild „Trösterin der Betrübten" (Consolatrix Afflictorum) das Leben der 28 000 Einwohnerinnen und Einwohner zählenden Stadt unweit der deutsch-niederländischen Grenze. Die besondere Anziehungskraft des staatlich anerkannten Erholungsortes spiegelt sich auch im Stadtslogan wider: „Unverwechselbar Kevelaer".

Begonnen hat die Kevelaer-Wallfahrt im Jahr 1641, als der Handelsmann Hendrick Busman in der Weihnachtszeit auf seinem Weg von Weeze nach Geldern dreimal den geheimnisvollen Anruf vernahm: „An dieser Stelle sollst du mir ein Kapellchen bauen!" Hendrick Busman war arm, dennoch führte er diesen Auftrag aus. Am 1. Juni 1642 wurde an der Kreuzung der alten Handelsstraßen Amsterdam–Köln und Münster–Brüssel ein Bildstock geweiht und der schlichte Kupferstich der Gnadenmutter von Luxemburg eingesetzt.

Aus diesen Anfängen der Wallfahrt hat sich Nordwesteuropas größter Wallfahrtsort entwickelt, den in jedem Jahr etwa eine Million Wallfahrer und Touristen besuchen. Die großen und traditionellen Prozessionen sind ebenso herausragende Ereignisse in jedem Kirchenjahr wie die glanzvollen liturgischen Feiern.

Durch den Besuch von Papst Johannes Paul II. im Jahr 1987 hat Kevelaer eine besondere Auszeichnung erfahren. Dies hat die Bedeutung Kevelaers als Wallfahrtsort unterstrichen und in hohem Maß zu seinem internationalen Ruf als Ort des katholischen Glaubens beigetragen. Noch Jahre nach seinem Besuch in Kevelaer reagierte Papst Johannes Paul II. bei seinen Audienzen auf das Stichwort Kevelaer mit Äußerungen wie „Das kleine Bild!" oder „Da bin ich auch schon gewesen.". Papst Benedikt XVI. war vor seinem Pontifikat mehrmals als Kardinal in Kevelaer. „Es liegt ein Hauch von Heiligkeit über diesem Ort", erinnerte er sich beim Besuch einer Kevelaer-Delegation im Jahr 2005 an die abendliche Atmosphäre auf dem Kapellenplatz.

Die Straßen der Kevelaerer Innenstadt laufen sternförmig auf den Kapellenplatz zu und stehen damit für die Entwicklungsgeschichte Kevelaers. Aus der Wallfahrt entstanden – mit der Wallfahrt gewachsen. Auch in der Hoch-Wallfahrtszeit im August und im September, wenn Tausende Besucherinnen und Besucher die Innenstadt ansteuern, finden die Wallfahrer hier unter dem grünen Blätterdach der Linden die Möglichkeit zum stillen Gebet. Neben der Gnadenkapelle und der Kerzenkapelle prägen die Marienbasilika, das Forum Pax Christi und das Priesterhaus mit der Wallfahrtsleitung das Bild des Kapellenplatzes.

Die Kevelaerer erleben das Kalenderjahr – wenn sie im Umfeld des Kapellenplatzes wohnen – in nur drei Jahreszeiten: den Phasen vor, während und nach der Wallfahrtszeit, die sich zwischen dem 1. Mai und 1. November erstreckt. Dann machen sich mehr als tausend angemeldete Wallfahrtsgruppen aus allen Teilen Deutschlands, aus den Niederlanden, Belgien und Luxemburg auf den Weg nach Kevelaer – zu Fuß, mit

Seit mehr als 370 Jahren pilgern zahlreiche Gläubige zur Gnadenkapelle mit dem Marienbild „Trösterin der Betrübten".

Gründungsjahr: 1646
erstmals urkundlich
erwähnt

Mitarbeiter: 35

Angebotsspektrum:
– regionale und inter-
  nationale Küche
– „Dry-Aged-Beef"-
  Speisekarte
– Spezielle Menüange-
  bote für Busreisende
– Festsaal
– Gästezimmer
– Hausterrasse
– Veranstaltungen

■

Alt Derp Haus Stassen
Kevelaer
www.alt-derp.de

Das Alt Derp Haus
Stassen in Kevelaer
kann auf eine über
350-jährige Geschichte
als Gasthaus zurück-
blicken.

Alt Derp Haus Stassen

Von der mittelalterlichen Postkutschen-Station zu einem der beliebtesten Gasthäuser am Nieder-rhein: Das Alt Derp in Kevelaer von Michaela und Kalli Hornbergs lädt zu einer genussvollen „Zeit-reise" ein. Das traditionsreiche Restaurant be-grüßt seine Gäste gleich am Beginn des Fußgän-gerbereichs zwischen der Pfarrkirche St. Anto-nius und der Marienbasilika. Frisch zubereitete Köstlichkeiten aus der Küche, gepflegte Biere und ausgesuchte Weine stellen in Verbindung mit dem freundlichen Service sicher, dass die zufriedenen Gäste gerne wiederkommen. Stammgäste wissen insbesondere Hornbergs regionale Spezialität, das an der Luft gereifte „Dry-Aged-Beef", zu schätzen. Der Hausherr gilt diesbezüglich bundesweit als Pionier dieses Gaumengenusses. Nicht von ungefähr rechnet das Magazin „Der Feinschmecker" das Alt Derp zu den besten deutschen Gasthäusern.

dem Fahrrad, mit dem Reisebus oder als Kleingruppe mit dem Auto. Neben den tradi-tionellen Wallfahrten prägen auch unge-wöhnliche Wallfahrtsgruppen wie die Motor-radfahrer-Wallfahrt, die Tamilen-Wallfahrt und die Wallfahrt der Karnevalisten den Jahreskalender des Marien-Wallfahrtsortes. Die überwiegende Zahl der Kevelaer-Besucherinnen und -Besucher kommt als Tagesgäste. In den mehr als 800 Gästebet-ten werden Jahr für Jahr mehr als 130 000 Übernachtungen verzeichnet. Viele Keve-laer-Touristen verbinden kirchliche Wall-fahrtsangebote wie das Pilgeramt, die Pil-gerandacht oder das abendliche Marienlob mit einem gemütlichen Mittagessen, einer niederrheinischen Kaffeetafel und einem Einkaufsbummel. Die Kevelaerer Innenstadt zeichnet sich durch einen eindrucksvollen Bedeutungsüberhang in den Bereichen

Gastronomie und Einzelhandel aus. In den zahlreichen inhabergeführten Fachgeschäf-ten ist der Kunde noch „König".

Die Wallfahrt ist also auch ein Wirt-schaftsfaktor. Gleiches gilt für kulturelle Güter, zu dem auch das heimische Kunst-handwerk zählt. Bereits im 19. Jahrhundert entstanden in Kevelaer zahlreiche Kunst-handwerkstätten der Buch- und Devotiona-lienherstellung, der Glasmalerei und des Orgelbaus. Heute prägen außerdem Gold- und Silberschmiede, Bronzegießer, Krippen-bauer, Töpfer und Kerzengestalter die Ein-drücke der Besucherinnen und Besucher. Seit gut 20 Jahren steht der Stadtmarke-tingansatz „Kevelaer – Stadt des Kunst-handwerks" als Leitmotiv über zahlreichen Veranstaltungen der Wirtschaftsförderungs-Gesellschaft der Stadt Kevelaer. Ob „Keve-laer im Carsch-Haus", ob „EuroArt in Keve-

Sakrale Baukunst in Vollendung: die Marienbasilika in Kevelaer

Ziel der zahlreichen Pilgergruppen ist der Kapellenplatz (unten). Dort finden sie mit der Gnadenkapelle, der Marienbasilika (oben) und der Kerzenkapelle mehrere Möglichkeiten für das Gebet.

laer", „Deutsch-Niederländisches Künstlerdorf" oder „Hundertwasser in Kevelaer" – sie alle zeigen den Facettenreichtum der künstlerischen und kunsthandwerklichen Prägung Kevelaers.

Darüber hinaus runden das Niederrheinische Museum für Volkskunde und Kulturgeschichte, Skulpturenausstellungen in der Innenstadt, die Gläserne Hostienbäckerei sowie mehrere Kulturreihen das Angebot in Kevelaer ab und ziehen die Menschen der Region in die Marienstadt. Und je nach Jahreszeit gehören zusätzlich die Kevelaerer Puppenspiel-Tage, ein Besuch der Bauernhof-Erlebnisoase Irrland in Twisteden, eine Fahrt mit dem Kevelaerer Heißluft-Ballon „Aufsteiger" oder ein Besuch des Kevelaerer Krippenmarktes zu den Freizeiterlebnissen der niederrheinischen Stadt: „Unverwechselbar Kevelaer". ◼

Aus der Geschichte bis in die Gegenwart – bekannte Persönlichkeiten aus dem Kreis

Wiltrud Schnütgen

Die Ausdehnung des Kreises Kleve ist nicht zu vergleichen mit den Grenzen des Herzogtums Kleve, welches vom heute niederländischen Huissen im Nordwesten bis Duisburg im Südosten reichte. Im Jahr 1538 konnte Herzog Wilhelm „der Reiche" das vereinigte Herzogtum Kleve-Jülich-Berg mit den Grafschaften Ravensberg und Mark noch um das Herzogtum Geldern erweitern. So kam er ins Blickfeld des englischen Königs Heinrich VIII., der nach dem Tod seiner dritten Frau nicht nur eine neue Ehefrau, sondern auch einen neuen Bündnispartner suchte. Heinrich hatte deutlich gemacht, dass das Aussehen seiner Zukünftigen eine große Rolle spielen würde, und so wurde Hans Holbein beauftragt, die beiden noch nicht verheirateten Schwestern des mächtigen Herzogs Wilhelm, Anna und Amalia, zu porträtieren. Eine Woche vor der Hochzeit sah König Heinrich VIII. Anna (1515–57) erstmals und war so desillusioniert, dass er die Hochzeit absagen wollte. Dazu war es zu spät, jedoch ließ er die Ehe ein halbes Jahr später annullieren. Letztendlich überlebte Anna von Kleve sowohl den König als auch ihre beiden Nachfolgerinnen.

Nach dem Tode des Johann Wilhelm, Herzog von Kleve-Jülich-Berg, im Jahr 1609 wurde das Herzogtum Kleve an die Kurfürsten von Brandenburg vererbt. Der als der Große Kurfürst bekannte Friedrich Wilhelm von Brandenburg setzte den Fürsten Johann Moritz von Nassau-Siegen (1604–79) als seinen Stellvertreter ein. Noch heute zehrt die Stadt Kleve vom Erbe des Fürsten, dessen große Leidenschaft es war, die hügelige Umgebung in Garten- und

Anna von Kleve war die vierte Ehefrau des englischen Königs Heinrich VIII. und somit die erste deutsche Königin von England.

Parkanlagen umzugestalten, die mit ihren Sternbergen, Sichtachsen und point de vues über den Rhein hinweg bis Elten reichen.

In der preußischen Zeit erlebte das Klever Land nicht nur bedeutende Präsidenten der Kriegs- und Domänenkammer wie Julius Ernst von Buggenhagen und Freiherr Heinrich Friedrich Karl vom und zum Stein, die auf der Schwanenburg residierten. Der in Kleve geborene Christian Peter Wilhelm Beuth (1781–1853) machte in Preußen

Karriere: Als hoher Ministerialbeamter war er unter anderem Begründer der Gewerbeschulen, der späteren Berufsschulen. In Berlin stehen gleich mehrere Denkmäler ihm zu Ehren.

Ein Denkmal findet man auch am Altrhein bei Brienen, jedoch erinnert es an ein einfaches, siebzehnjähriges Mädchen: Johanna Sebus, Tochter einer Tagelöhnerfamilie, deren Ruhm selbst zu Goethe drang. Im Januar 1809 brach bei einem gewaltigen Rheinhochwasser der Deich und überschwemmte Teile des Klever Ortsteils Brienen. Johanna Sebus rettete ihre Mutter aus den Fluten und ertrank beim Versuch, weiteren Menschen zu helfen. Johanna Sebus ist eine der Ersten, die als Bürgerliche ein Denkmal aufgrund einer persönlichen Leistung erhielt. Ein Denkmal literarischer Art ist Goethes Ballade „Johanna Sebus", in der die Erinnerung an diese Heldentat ebenfalls fortlebt.

Wenige Jahrzehnte später ließ sich der aus dem niederländischen Zeeland stammende Maler Barend Cornelis Koekkoek (1803–62) in Kleve nieder. Er gilt als der bedeutendste Landschaftsmaler der niederländischen Romantik. In der uralten Moränenlandschaft fand er seine bevorzugten Motive, man denke nur an die Schluchten und den alten Baumbestand im Tiergartenwald. Kleve war zu dieser Zeit Kurort und beliebter Wohnort für zahlungskräftige Pensionäre auch aus den Niederlanden. Sein Wohnhaus „Haus Koekkoek" ist als Museum erhalten geblieben, das „Belvedere", Koekkoeks Atelier im großen Garten, ist heute in Privatbesitz. B. C. Koekkoek hatte in Kleve eine Malerschule gegründet,

die bedeutende Maler wie Johann Bernhard Klombeck hervorbrachte. Ein umgekehrter Fall ereignete sich ziemlich genau 200 Jahre zuvor, als der in Kleve geborene Govaert Flinck Meisterschüler Rembrandt van Rijns wurde.

Der aus einer Klever Bierbrauerfamilie stammende Bernhard von Gudden fand seine Berufung ebenfalls außerhalb des Klever Landes. Er ist bis heute als Leibarzt des bayerischen Königs Ludwig II. bekannt, der 1886 unter ungeklärten Umständen

B. C. Koekkoek gilt als der bedeutendste Landschaftsmaler der niederländischen Romantik.

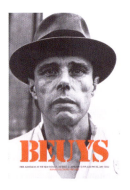

gemeinsam mit dem König im Starnberger See umkam. In Fachkreisen galt der Psychiater, dem aufgrund seiner außergewöhnlichen wissenschaftlichen Leistungen neben dem Titel des Obermedizinalrates auch das Adelsprädikat verliehen worden war, als Koryphäe.

1837 wurde in Goch Arnold Janssen geboren. Der Sohn eines Fuhrunternehmers hatte schon früh die Berufung zum Priester gespürt. Nach Studien in München, Bonn und Münster gründete er als Priester 1875 das erste deutsche Missionswerk, allerdings im niederländischen Steyl an der Maas. Die Steyler Mission entwickelte sich zu einem

Werk, welches sich rasch auf alle Kontinente ausdehnte. Im Jahr 2003 wurde Arnold Janssen heiliggesprochen.

In diesem Zusammenhang darf auch der 1915 in Rees geborene Karl Leisner genannt werden, der in Kleve aufwuchs, seinen katholischen Glauben vor den Nationalsozialisten verteidigte und ins Konzentrationslager Sachsenhausen gebracht wurde. Im KZ Dachau wurde er 1944 zum Priester geweiht; er starb kurz nach der Befreiung im Jahr 1945. Im Jahr 1996 wurde er seliggesprochen.

Auch wenn die Schuhfabrik des Gustav Hoffmann vor knapp zehn Jahren geschlossen wurde, so sind die „elefanten-Schuhe" des Klever Fabrikanten im In- und Ausland bekannt. Gustav Hoffmann (1872–1935) hatte um die Jahrhundertwende eine Fabrik

für Kinderschuhe aufgebaut und mit seinen innovativen Ideen zu einem erfolgreichen Unternehmen geführt.

Eine ganze Reihe von Künstlern stammt aus dem heutigen Kreis Kleve, so der in Emmerich geborene Operettenkomponist Eduard Künneke (1885–1953), dessen Name nicht jedermann geläufig ist, der Titel eines seiner Werke jedoch bestimmt: „Der Vetter aus Dingsda". Auf der ganzen Welt bekannt ist natürlich Joseph Beuys (1921–86), der im Klever Ortsteil Rindern aufwuchs. Von 1957 bis 1964 hatte er sein Atelier im ehemaligen Klever Kurhaus, dem heutigen städtischen Museum.

Bekannte Persönlichkeiten aus dem Kreis gibt es natürlich auch in der Gegenwart, angefangen mit so manchem politischen Vertreter im Bundestag. Sportlich

Dressur-Olympiasiegerin Isabell Werth wurde in der Gemeinde Issum geboren.

sind die aus Issum stammende Dressurreiterin Isabell Werth, der Emmericher Rennfahrer Nico Hülkenberg und der aus Kleve stammende Rekordschwimmer Klaus Steinbach nicht die Einzigen, die genannt werden könnten. Christoph Peters aus Kalkar-Hönnepel hat literarisch für Furore gesorgt. Für die bildende Kunst der Gegenwart mag stellvertretend der aus Geldern stammende, international ausgezeichnete Fotograf Thomas Struth genannt werden. ■

Euregio-Standort in der Mitte Europas – Projekte starten, Chancen nutzen

Sjaak Kamps / Margot de Jong-Jennen

Im Zeitalter der Globalisierung erhält auch die grenzüberschreitende Zusammenarbeit einen immer höheren Stellenwert. Der Kreis Kleve mit seiner direkten Grenze zu den Niederlanden liegt im Herzen zweier Euregios. Der Norden des Kreises gehört zur Euregio Rhein-Waal, der Süden liegt in der euregio rhein-maas-nord.

Die unmittelbare Nachbarschaft macht viele Unterschiede zwischen den zwei Ländern sichtbar, aber diese Grenznähe ist auch eine Chance, gemeinsam Ideen zu verwirklichen. Sowohl auf deutscher als auch auf niederländischer Seite ist man sich dessen bewusst. Die vertrauensvolle Arbeit der Vergangenheit ist eine gute Basis, auch in Zukunft gemeinsam grenzüberschreitende Projekte voranzutreiben. Insbesondere die ausgezeichneten wirtschaftlichen Beziehungen zwischen Deutschland und den Niederlanden erfordern gemeinsames Denken und Handeln – vor allem im Zeichen der Globalisierung. Auch in den gesellschaftlich relevanten Themenfeldern Wohnen, Arbeiten und Gesundheitsversorgung findet ein immer engerer Austausch über die Grenze hinweg statt.

Die beiden Euregios setzen sich bereits seit über 40 Jahren für grenzüberschreitende Integration und durchlässige Grenzen in allen möglichen Bereichen ein. Ein wichtiger Wirtschaftsfaktor auf beiden Seiten der Grenze ist der Agrobusiness/Agrofoodsektor. Auch die Lebensmitteltechnologie spielt in diesem Umfeld eine wichtige Rolle. Die Zusammenarbeit von Agrobusinessregion Niederrhein und Greenport Venlo ist mittlerweile fast selbstverständlich und all-

seits bekannt. Aber auch die etwas weiter entfernt liegende Food Valley Region rund um Ede-Wageningen ist mittlerweile ein wichtiger und nicht wegzudenkender Partner für den Niederrhein. Diese Regionen haben sich inzwischen bei vielen grenzüberschreitenden Projekten zusammengefunden, die mit Mitteln aus dem INTERREG-Programm der Europäischen Union finanziell gefördert wurden. Beispiele hierfür sind „Gesundes Gewächshaus" und „Agrofood Platform" in der Euregio Rhein-Waal sowie die Projekte „Wirtschaftskraft im AgroFood", „High Tech Greenhouse 2020" und „Bataten am Niederrhein" in der euregio rhein-maas-nord.

„Gesundes Gewächshaus" ist ein Projekt, an dem Partner entlang der gesamten deutsch-niederländischen Grenze beteiligt sind. Durch die Entwicklung neuer Techniken soll der Einsatz von Bekämpfungsmitteln stark reduziert werden. Neben der Reduzierung von Bekämpfungsmitteln soll durch eine präventive Vorgehensweise die Qualität von Pflanzen und Gemüse verbessert werden.

Die neue „Agrofood Platform" ist ein Netzwerk mit allen wichtigen deutschen und niederländischen Akteuren im Agrofoodsektor. Im Projekt „Wirtschaftskraft im AgroFood" sind die Chancen und Risiken sowie die Stärken und Schwächen der Regionen analysiert und in verschiedenen Handlungskonzepten zusammengefasst worden, damit der Agrofoodsektor für die Zukunft gewappnet ist.

Die Projektteilnehmer des Projekts „Bataten am Niederrhein" untersuchen in-

des, unter welchen Bedingungen die Süßkartoffel am Niederrhein angebaut werden kann. Diese tolle Knolle soll bald als regionale Spezialität auf den Teller kommen. Ganz nebenbei bieten die Bataten den Landwirten aus der Region auch neue Marktchancen.

Ein Sektor, der immer stärker mit dem Agrofoodsektor verknüpft ist, ist der Tourismus. Viele Initiativen haben zum Ziel, die regionale Landwirtschaft auch touristisch voranzutreiben. Nicht nur in Betriebskantinen, Krankenhäusern oder hiesigen Restaurants werden immer mehr Gerichte, die mit regionalen Produkten zubereitet sind, serviert, sondern die Bauernhöfe werden selbst zum touristischen Ziel. Angebote wie „Übernachten im Heu", „Bauerngolf" oder Fahrradrouten entlang verschiedener Bauernhöfe machen die Grenzregion für viele Besucherinnen und Besucher aus Deutschland und den Niederlanden interessant. Die Projekte „Leisure Valley" in der Euregio

Rhein-Waal sowie „Region des Geschmacks" und „Rurculinair" in der euregio rhein-maas-nord fördern ebenfalls den Agrotourismus oder tragen zur Entwicklung neuer agrotouristischer Produkte bei.

Viele dieser Angebote werden über www.coolbreaks.com vermarktet. Unter der Marke „Cool Breaks" ist ein grenzüberschreitendes Marketingkonzept für die Euregio Rhein-Waal und die euregio rhein-maasnord entwickelt worden. Über die Webseite werden Pauschalangebote für unterschiedliche Zielgruppen angeboten. In Kooperation mit einigen Zielflughäfen des Airports Weeze wurden auch für Spanier und Engländer Marketingkampagnen gestartet. Mit Erfolg, denn die Zahl der Gäste aus Großbritannien, Spanien, Italien und Schweden erhöhte sich infolgedessen um acht Prozent. „Region ohne Grenzen" ist ein weiteres Projekt, das den Kreis Kleve mit einbezieht. Dieses Projekt der euregio rheinmaas-nord liefert einen wichtigen grenz-

Zusammen mit den benachbarten Niederlanden befindet sich im Kreis Kleve das zweitgrößte Gartenanbaugebiet Europas.

Fortsetzung Seite 65

61

Ipsen International GmbH

Ipsen ist Weltmarktführer auf dem Gebiet der Wärmebehandlungsanlagen für die Stahlindustrie. Für die Stahlveredelung werden vollautomatische Wärmebehandlungsanlagen in Atmosphären-, Vakuum- und Anlagentechnik entwickelt. Das Unternehmen übernimmt dabei die komplette Betreuung von der Entwicklung und Beratung bis zur Inbetriebnahme und späteren Wartung. Zum Einsatz kommen die Anlagen in der Automobil-, Luft- und Raumfahrt- oder Werkzeugbranche, aber auch Lohnhärtereien oder Maschinenbau- und Medizintechnikunternehmen gehören zu den Kunden von Ipsen. Zu den aktuellen Leuchtturmprojekten zählt etwa die Entwicklung innovativer 8-Gang-Getriebe oder die Arbeit an Windenergieanlagen.

Forschung und Entwicklung werden vor allem an den Standorten Rockford und Kleve betrieben. Seit Firmengründung wurden dem Unternehmen über 100 Patente und Gebrauchsmuster erteilt. Ipsen verfügt über eigene Techniklabors, kooperiert aber auch eng mit verschiedenen Universitäten und Technischen Hochschulen. Im Mittelpunkt der Arbeit steht hier neben der qualitativen Weiterentwicklung der Behandlungsprozesse auch die Steigerung der Produktionseffizienz.

Fast 40 Prozent der in Deutschland industriell genutzten Energie werden für Wärmeprozesse in Industrieöfen benötigt. Ein immenser

Vakuumofen-Gehäuse Turbo^{2}Treater XL; maximaler Abschreckdruck 12 bar

Kostenfaktor für die Unternehmen – und unter Aspekten des Klimaschutzes problematisch. Die neue EuP-Richtlinie (kurz für Energy using Products) der EU wird hier bald zu deutlich strengeren Anforderungen an den Energieverbrauch von Wärmeprozessanlagen führen. Ipsen optimiert daher bereits seit Jahren die Effizienz seiner Öfen und Anlagen. Eine spezielle Energieberatung für die Kunden rund um Einsparpotenziale oder Modernisierung bestehender Anlagen rundet das Effizienzpaket ab.

Auf einen Blick

Gründungsjahr: 1957 in Kleve

Mitarbeiter: weltweit über 800, in Kleve 270

Produkte:
Vollautomatische Wärmebehandlungsanlagen in Atmosphären-, Vakuum- und Anlagentechnik

Kundenbranchen:
Automobil, Luft- und Raumfahrt, Werkzeug, Lohnhärtereien, Maschinenbau, Medizintechnik

Marktposition:
Weltmarktführer (ca. 13 %)

Standorte:
– Rockford, Pecatonica, Souderton (USA)
– Kleve (Deutschland/Hauptsitz)
– Shanghai, Changzhou (China)
– Kalkutta, Bangalore (Indien)
– Osaka (Japan)
– 34 Vertretungen weltweit

■

Ipsen International GmbH, Kleve
www.ipsen.de

KAO CHEMICALS –
IN HARMONY WITH NATURE

Kao Chemicals stellt Tenside in den Dienst der Menschen. Das Unternehmen produziert hochwertige Erzeugnisse für die Weiterverarbeitung zu Endprodukten in den Bereichen Haushalts- und Industriereiniger, Körperreinigung und Hygiene, Kosmetik und Körperpflege, Metallverarbeitung und Bauindustrie.

Auch wenn die Vorprodukte aus der Natur kommen – sie sind in ihrer Menge auf den vorgesehenen Einsatz zugeschnitten, verlieren nach getaner Arbeit ihre Wirkung und müssen mit Augenmaß eingesetzt werden. Deshalb sind bei allen Produkten von Kao Chemicals zwei Dinge wichtig: die biologische Abbaubarkeit auf der einen und das richtige Maß in der Anwendung auf der anderen Seite – für die optimale Wirkung und minimale Umweltbelastung. Jedwedes unternehmerisches Denken und Handeln befindet sich im Einklang mit der Natur.

Verantwortung heißt für Kao Chemicals deshalb Forschung und Fertigung im Sinne der Nachhaltigkeit. Natürlich weiß man heute genau, wie Chemie unsere Welt sauberer macht. Natürlich spielt der verantwortungsvolle Gebrauch aller Produkte hierbei eine entscheidende Rolle. Und natürlich hat das Unternehmen die Antwort auf viele Fragen der Gegenwart und der Zukunft: Chemie natürlich.

Emmerich am Rhein hat für Kao Chemicals vor allem zwei große Vorteile: Lebensqualität auf der einen und optimale wirtschaftliche Standortqualitäten auf der anderen Seite. Hier leben und arbeiten 220 sympathische Menschen in einem logistisch perfekt gelegenen Werk. Die Infrastruktur der Kleinstadt im Herzen Europas punktet mit einem nahezu staufreiem Autobahnanschluss sowie einer Schienen- und Wasserverbindung direkt am Standort.

Sympathie und Zurückhaltung einerseits, ein hoher Bildungsstand andererseits: Kao Chemicals legt Wert auf Werte und bildet seine Mitarbeiter selbst aus. Das Ergebnis sind starke Persönlichkeiten mit großer fachlicher und sozialer Kompetenz.

Auf einen Blick

Gründungsjahr: 1940

Mitarbeiter: ca. 220 am Standort Emmerich am Rhein

Leistungsspektrum:
Vorprodukte für die
– kosmetische Industrie
– Reinigungsmittel-Industrie
– chemisch-technische Industrie

– Vertrieb von Rohstoffen anderer Kao-Unternehmen

■
Kao Chemicals GmbH
Emmerich am Rhein
www.kaochemicals-eu.com

Oleon hat in Emmerich am Rhein eine lange Unternehmenstradition.

Auf einen Blick

Mitarbeiter:

110 Mitarbeiter am Standort sowie 8 Auszubildende (Chemikant/-in), 2 Studenten/-innen in der dualen Ausbildung (Bachelor of Engineering, Fachrichtung Chemieingenieurwesen)

Leistungsspektrum:

Entwicklung, Produktion, Verkauf und Lieferung von Fettsäuren und Spezialchemikalien

Zertifizierungen für den Standort:

DIN EN ISO 9001
DIN EN ISO 14001
DIN EN ISO 50001

Zertifizierungen für bestimmte Produktgruppen:

HACCP (Codex Alimentarius)
OK Kosher
Halal Control

Oleon GmbH

Die Oleon GmbH ist ein führender Produzent von Fettsäuren und Spezialchemikalien zur Herstellung von Reinigungsmitteln, Seifen, Waschmitteln, Farben und Lacken, Schmierstoffen, Kosmetika sowie Lebensmitteln und Lebensmittelverpackungen. Im Werk Emmerich werden ausschließlich pflanzliche Rohstoffe wie Sonnenblumen-, Leinsaat-, Sojabohnen-, Raps-, Rizinus-, Palmkern- und Kokosöl sowie Olein und Stearin verarbeitet.

Das Werk ist aus der bereits 1838 in Deventer gegründeten niederländischen Ölmühle Noury & van der Lande hervorgegangen. Im Jahr 1908 wurde die Produktion in Emmerich aufgenommen. Die Niederlassung gehörte später zu Akzo Nobel, wurde 2006 von der belgischen Oleon NV übernommen und ist heute ein Teil der französischen Unternehmensgruppe Sofiprotéol.

Auf dem 62 991 Quadratmeter großen Werksgelände befinden sich das Verwaltungsgebäude, moderne Produktionsanlagen sowie Laboratorien für Forschung, Entwicklung und Qualitätssicherung. Die Infrastruktur umfasst darüber hinaus Tankfarmen, Lagerhallen, einen Schiffsanleger und ein modernes Kesselhaus.

Als attraktiver, familienfreundlicher Arbeitgeber mit ansprechenden Sozialleistungen beschäftigt die Oleon GmbH ca. 110 Mitarbeiter, 8 Auszubildende (Chemikant/-in) sowie 2 Studenten/-innen, die die duale Ausbildung zum Bachelor of Engineering, Fachrichtung Chemieingenieurwesen, in Kooperation mit der Fachhochschule Niederrhein in Krefeld absolvieren.

Die Oleon GmbH investiert in die erfolgreiche Zukunft des Werkes. Die Leitprinzipien Qualität, Produkt- und Arbeitssicherheit, Umweltschutz und Energieeffizienz sind fest verankert und werden von allen gelebt. Regelmäßige Weiterbildungen, gute Kommunikation sowie interkulturelle Kompetenz der Mitarbeiter und der Werksleitung fördern die ständige Verbesserung aller Prozesse im Unternehmen und bilden eine wichtige Grundlage für das langfristige Erfolgsrezept der Oleon GmbH.

Spalttürme

Oleon GmbH
Emmerich am Rhein
www.oleon.com

64

Auf einen Blick

Gründungsjahr: 1987, seit 2001 in Kevelaer

Leistungsspektrum:

Naturstein:
Ziersteine, Kiese, Splitte und Sand, Boden-beläge, Keramikplatten, Konstruktives, Wasser-spiele, Dekoratives, Gartenmöbel, Ge-brannte Klinker, Holz

Beton:
Zierpflaster, Industrie-pflaster, Betonplatten, Konstruktives

■

REDSUN
garden products
GmbH & Co. KG
Kevelaer
www.redsun.eu

REDSUN garden products GmbH & Co. KG

REDSUN ist seit 2001 in Kevelaer ansässig und hat sich in dieser Zeit zu einem wichtigen Arbeit-geber in der niederrheinischen Wallfahrtsstadt entwickelt. Inzwischen beschäftigt das Unterneh-men, das jüngst sein drittes Betonwerk vor Ort eröffnet hat, mehr als 230 Arbeitnehmer für die Veredelung von Betonsteinen und -platten. Zu den Kunden von REDSUN gehören vor allem der Baustoff-Fachhandel sowie Gartenplaner. Mehr als 1000 verschiedene Artikel in diversen Größen, Farben und Oberflächenbeschaffen-heiten hat das Werk vorrätig. Die Produkte wer-den deutschlandweit sowie in den Niederlanden und Belgien vertrieben.

überschreitenden Beitrag zur Netzwerk-bildung von Unternehmen und wirtschafts-nahen Institutionen, ausgehend von der An-ziehungskraft der Floriade 2012 in Venlo.

Eine wichtige Chance für den Kreis Kleve bietet selbstverständlich die neue Hochschule Rhein-Waal mit Standorten in Kleve und Kamp-Lintfort. Mit ihren vielen englischsprachigen Studiengängen richtet sich die Hochschule Rhein-Waal nach-drücklich an ausländische Studierende und Forschungsinitiativen. Der Name der Hoch-schule ist ja eigentlich schon Programm und deshalb darf es niemanden verwun-dern, dass die Hochschule Rhein-Waal mitt-lerweile in diverse grenzüberschreitende Projekte involviert ist. Beim Projekt „Smart Inspectors" ist die Hochschule Rhein-Waal sogar Hauptpartner (Lead Partner).

Zusammen mit den weiteren Partnern entwickeln die Forscher und Wissenschaft-ler auf diesem Wege Anwendungen für sogenannte Drohnen (unbemannte Flug-zeuge), die es zum Beispiel Landwirten ermöglichen, ferngesteuert zu kontrollieren, ob ihre Felder zusätzlich gedüngt werden müssen. Auch die Kontrolle von Deichen wird um einiges einfacher, denn die tech-nische Ausstattung der Drohnen kann auch die Bodenstruktur messen. Dieses innova-tive Projekt war daher 2012 nicht zufällig Gewinner des ersten Hochschulpreises der Wirtschaftsförderung Kreis Kleve.

In dem Projekt „Wissensallianz Rhein-Waal" ist die Hochschule ebenfalls Partner. Ziel dieses Projektes ist es, die grenzüber-schreitende Zusammenarbeit zwischen Unternehmen, wissenschaftlichen Einrich-tungen und öffentlicher Hand zu verbes-sern, damit das Wissen, das in der Region vorhanden ist, nicht verloren geht.

Mit dem Wegfall der Grenzkontrollen hat

Rhein-Waal-Terminal in Emmerich am Rhein

sich die Zahl der Grenzpendler rasant erhöht. In diesem Bereich verzeichnen die beiden Euregios die höchsten Pendler-zahlen entlang der deutsch-niederlän-dischen Grenze. Beide Euregios sind im Bereich der Beratung für Grenzpendler sehr aktiv. Regelmäßig finden Sprechstunden statt, und demnächst werden auch Infor-mationspunkte entlang der Grenze einge-richtet.

Darüber hinaus versuchen die Euregios Angebot und Nachfrage zusammenzubrin-gen, indem sich Arbeitsuchende über das Portal www.euregio-jobroboter.com über die Stellenangebote beiderseits der Grenze informieren können.

Natürlich sind gute Kontakte zwischen

Deutschen und Niederländern die Basis für eine erfolgreiche grenzüberschreitende Zusammenarbeit. Deshalb fördern beide Euregios aktiv sozial-kulturelle bürgernahe Aktivitäten wie Schüleraustausche und grenzüberschreitende Sportveranstaltun-gen. Diese Projekte werden alle mit Mitteln des Europäischen Programms INTERREG IV A Deutschland-Niederland unterstützt. Die Europäische Union wird die grenzüber-schreitende Zusammenarbeit weiterhin mit INTERREG-Mitteln aktiv fördern. Das Pro-gramm für den Zeitraum 2014 bis 2020 stellt die Bereiche „Innovation in kleinen und mittleren Unternehmen" sowie „Nach-haltigkeit" und „CO_2-Reduzierung" in den Fokus. ∎

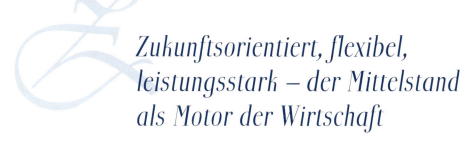

Zukunftsorientiert, flexibel, leistungsstark – der Mittelstand als Motor der Wirtschaft

Dr. Stefan Dietzfelbinger

Die Wirtschaft im Kreis Kleve ist mittelständisch geprägt. Und nicht erst seit heute werden die Unternehmen als zukunftsorientiert, leistungsstark und flexibel beschrieben. Erfindergeist, Improvisationstalent und unkonventionelles Denken waren die Voraussetzungen dafür, die strukturellen Veränderungen in der Region zu meistern und die über eine lange Zeit nachteiligen Folgen der Grenzlage zu überwinden.

Die Wirtschaftsstruktur hat sich in den letzten Jahren und Jahrzehnten stark verändert. Ehemals industrielle Schwerpunkte, wie beispielsweise die Schuhindustrie, die Margarineproduktion oder die Textilwirtschaft, haben an überregionaler Bedeutung eingebüßt. Viele Arbeitsplätze sind verloren gegangen. Gleichzeitig sind neue Strukturen, neue Unternehmen und neue Beschäftigungsmöglichkeiten entstanden.

Die Bewältigung dieser Herausforderungen konnte nur gelingen auf der Basis eines erfolgreichen Mittelstandes und mit zukunftsorientiert handelnden Unternehmern und Familienbetrieben. Zum Erfolg haben die heute engen Bindungen über die Grenze und die Einbettung in die Euregio Rhein-Waal ebenso beigetragen wie die Verflechtungen innerhalb der Region Niederrhein mit den Kreisen Kleve und Wesel sowie der Stadt Duisburg und die Beziehungen zu den Nachbarn an Rhein und Ruhr.

Heute gibt es über 80 000 sozialversicherungspflichtige Arbeitsplätze in Industrie, Handel, Dienstleistungen und Verwaltung. Vor 30 Jahren waren es nur gut 60 000. Damit war der Kreis Kleve im Vergleich zum Bundes- und Landesdurchschnitt überaus erfolgreich in der Bewältigung der strukturellen Veränderungen. Von allen Erwerbspersonen sind elf Prozent selbstständig: auch dies ein überdurchschnittlicher Wert. Die Arbeitslosigkeit ist im Vergleich zu vielen anderen Regionen Nordrhein-Westfalens deutlich geringer.

Die Wirtschaft ist breit aufgestellt. Unter den rund 17 000 Unternehmen dominieren mittelständische Betriebe mit bis zu 250 Beschäftigten. Diese erwirtschaften im produzierenden Gewerbe 80 Prozent des Gesamtumsatzes. In industriellen Ballungsräumen, wie beispielsweise Duisburg, sind es zum Teil nur 15 Prozent.

Gleichzeitig sind zahlreiche Unternehmen im Kreis Kleve auch überregional und international erfolgreich. Als Weltmarktführer produzieren unter anderen die PROBAT-Werke in Emmerich am Rhein ihre Röstmaschinen für Kaffee und Kakao oder Ipsen in Kleve computergesteuerte Industrieöfen. Hightechfirmen mit ihren innovativen Produkten – beispielsweise Spektrometer oder Wasserstrahlschneider – und Stützpunkten in aller Welt zeigen die Kraft des Mittelstandes.

Die Wertschöpfungskette der Lebensmittelerzeugung und -verarbeitung sowie der dem Gartenbau vor- und nachgelagerten Betriebe, also der Bereich „Agrobusiness/Food", bildet auch heute noch eine der wirtschaftlichen Kernkompetenzen. Marken wie Katjes, Bonduelle, Bofrost, Kühne oder Diebels sind nur einige Beispiele namhafter Firmen, die ihre Produkte vor Ort herstellen und zum Teil global vertreiben. Die „Veiling Rhein-Maas" – führende Absatzorganisation für Schnittblumen, Topfpflanzen, Obst und Gemüse – nutzt die günstigen Standort-

Fortsetzung Seite 73

Firmensitz der MSK
Unternehmensgruppe
in Kleve

MSK Verpackungs-Systeme GmbH

MSK ist seit fast 40 Jahren Partner verschie-denster Industrien für Verpackungs-, Palettier-und Fördersysteme für Palettenladeeinheiten und damit wegweisend für Hightech-Folienver-packungsmaschinen.

Das inhabergeführte Familienunternehmen mit Stammsitz in Kleve ist mit über 400 Mitar-beitern und Niederlassungen in Ungarn, Frank-reich, den USA und China international tätig. Die Zentrale am Niederrhein gilt als Innovations-standort der gesamten MSK Covertech-Gruppe. Hier haben der internationale Verkauf, das Engi-neering, die Entwicklung, das Prototyping sowie die Produktion von Hochleistungs- oder Sonder-maschinen ihren Platz. Gegründet wurde MSK 1975 durch Reiner Hannen, der zusammen mit seiner Frau Christina Hannen das Unternehmen leitet.

Durch ständige Innovationen in den Be-reichen Maschinenentwicklung, unternehmens-eigene Software und Anwendung eines inte-grierten ERP-Systems wurden die Arbeitsabläufe weitgehend automatisiert. Diesen Vorsprung nutzt MSK, um Umsatz und Ertrag zu steigern.

In enger Zusammenarbeit mit führenden Unternehmen entstanden Lösungen und Ent-wicklungen für die Hohlglas-, Getränke-, Haus-haltsgeräte-, Papier- und Druckindustrie sowie die chemische und Baustoffindustrie und andere Branchen.

Gemäß dem Motto „savings through techno-logy" entwickelt MSK Maschinen zur Teil- oder Vollautomatisierung von Verpackungsprozes-sen – mit geringstmöglichem Verbrauch von Ressourcen wie Energie und Verpackungs-material. Mit diesem Anspruch wurden in aus-schließlich hauseigenen, internationalen Entwick-lungsteams bereits über 50 Patente erschaffen. Im unternehmenseigenen Teilefertigungswerk in Nyirbator (Ungarn) garantiert MSK mit einer sehr großen Fertigungstiefe und hochmodernen CAD/CAM-Fertigungsautomaten sowie einer

Auf einen Blick

Gründungsjahr: 1975

Mitarbeiter:
über 400 weltweit

Leistungsspektrum:
Palettenverpackung
durch teil- und vollauto-
matische Palettierung
und Depalettierung,
Verpackungstechnik
und Materialflusssys-
teme für die Industrie

Branchen:
– Hohlglasindustrie
– Getränkeindustrie
– Haushaltsgeräte-
  hersteller
– Papier- und
  Druckindustrie
– chemische Industrie
– Baustoffindustrie
– andere Branchen

Standorte:
Zentrale in Kleve sowie
Niederlassungen in
Ungarn, Frankreich,
den USA und China

■

MSK Verpackungs-
Systeme GmbH
Kleve
www.msk.de

3-D-Konstruktion

automatischen Pulverlackierstraße erstklassige Qualitätsstandards. Nicht zuletzt bietet dies für MSK-Kunden auch den Vorteil einer langfristigen Verfügbarkeit von Ersatzteilen.

Der MSK-Service beginnt bereits vor dem Kauf eines MSK-Produkts. So analysiert das Unternehmen die Original-Kundenprodukte im MSK-Kundentechnikum in Bezug auf das optimale Verpackungssystem. Damit fließen Erfahrungen des Kunden mit denen von MSK

zusammen. MSK gewann so im Jahr 2009 den Unternehmerpreis für Innovation und Supply Enrichment.

Um sich weiterhin erfolgreich zu entwickeln, arbeitet MSK eng mit dem Campus Kleve und der Hochschule Rhein-Waal zusammen.

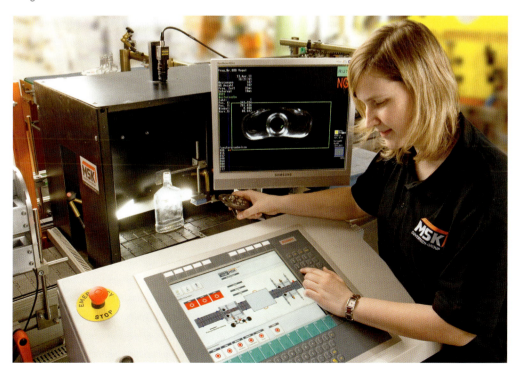

Bei MSK haben Absol-
venten des Campus
Kleve und der Hoch-
schule Rhein-Waal
die Möglichkeit, ihre
Bachelor- oder Master-
arbeit zu schreiben.

Auf einen Blick

Gründungsjahr: 1890

Mitarbeiter: 70

Produktspektrum:
– Profilsysteme
– Universalprofile
– Sockelleisten
– Verlegezubehör
– Trittschalldämmungen
  und Parkettunterlagen
– Sonderprofile

Carl Prinz GmbH & Co. KG

Das Unternehmen Prinz ist auf die Entwicklung und Herstellung von Profilen und Profilsystemen für Bodenbeläge spezialisiert. In Zusammenarbeit mit Industrie, Handwerk und Handel entstehen in der Prinz-Entwicklungsabteilung innovative Produkte, die die Verlegung vereinfachen, die Optik perfektionieren und universell einsetzbar sind. Nach Kundenwunsch und -anforderung werden auch Sonderprofile konstruiert und gefertigt.

Der Name Prinz steht seit Jahrzehnten für Qualität und zertifizierte Technik. Nach umfangreichen internen Tests werden neue Produkte eingehend durch akkreditierte Prüfungsgesellschaften getestet. „Starke Verbindung. Kluge Technik.", ist Leitmotiv und tägliche Aufgabe.

Die Produktion erfolgt auf modernen, automatisierten Fertigungsanlagen am Standort Goch. „Ständige Verbesserung" ist bei Prinz kein Schlagwort, sondern gelebte Wirklichkeit. In Teamarbeit wird der Produktionsprozess stetig weiterentwickelt und dem neuesten Stand der Technik angepasst.

Engagierte, erfahrene und qualifizierte Mitarbeiter sind die Grundvoraussetzung für den Erfolg des Unternehmens. Ihr Know-how spiegelt sich in den Prinz-Produkten wider, sie sorgen für die Einhaltung höchster Qualitätsstandards und reibungsloser Abläufe in Produktion und Logistik.

Das moderne Logistikzentrum in Goch wurde 1997 erbaut und 2011 durch eine neue Produktionshalle für Verpackung und Konfektionierung erweitert.

Mit der Inbetriebnahme des erweiterten Logistikzentrums Anfang 2011 hat Prinz seinen Lieferservice nachhaltig optimiert. Die Lagerkapazität umfasst jetzt 6000 Palettenplätze und mehr als 2000 Lagerplätze für bis zu 500 cm lange Profile. Die absatzgesteuerte Produktionsplanung und das scannergestützte Lagerverwaltungssystem sorgen für das richtige Timing – pro Jahr verlassen rund 40 000 Sendungen das Logistikzentrum in Goch.

■
Carl Prinz
GmbH & Co. KG
Goch
www.carlprinz.de

PS 400 Übergangsprofil
Patent Nr.: 1442687

ABS Safety GmbH

Die ABS Safety GmbH ist spezialisiert auf den Bereich der Absturzsicherung für Personen. Angefangen von der Planung über den Verkauf und die Montage bis hin zum Service, ist das junge Unternehmen der kompetente Partner in allen Fragen rund um die Absturzsicherung. Sämtliche Produkte sind Entwicklungen nach den neuesten Fertigungsmethoden und Normen. Die meisten sind patentiert oder gebrauchsmustergeschützt. Diese Entwicklungen finden in nahezu allen absturzgefährdeten Bereichen Anwendung: Dächer, Fenster, Fassaden, Maschinen, Kranbahnen, Wartungshallen für Züge, Busse, Flugzeuge und viele andere mehr.

ABS Safety ist Mitglied im deutschen Normausschuss und damit eines der richtungweisenden Unternehmen im Bereich der Absturzsicherung. Für ihre Kunden entwickelt die innovative Firma spezielle und komplexe Lösungsvorschläge – auch auf schwierigen Untergründen wie Trapezblechen, Holz oder Bims. Durch fortwährende eigene Kontrollen sowie durch die Überwachung des Prüfinstituts DEKRA Exam GmbH in Bochum bietet ABS Safety höchste Qualität und Sicherheit zu fairen Preisen.

Ob Allianz-Arena München, Airbushallen Hamburg oder Messehalle Köln – die Spezialisten aus Kevelaer sind im gesamten Bundesgebiet bei Großprojekten der erste Ansprechpartner in puncto Absturzsicherungssysteme und Anschlagpunkte (sogenannte Sekuranten) zur Dach- und Fensterabsturzsicherung.

Über ein flächendeckendes Netz von Vertriebspartnern wird Sicherheitsqualität von ABS nahezu in die ganze Welt exportiert. Mehr als 5000 Kunden unterstreichen die eindrucksvolle Erfolgsgeschichte des Unternehmens.

Auf einen Blick

Gründungsjahr: 2003

Mitarbeiter (2013):
rund 50

Standorte:
Kevelaer
Duluth (Georgia, USA)

**Unternehmens-
geschichte:**
2003: Ludwig und Ingrid Beckers gründen ABS im Keller ihres Privathauses in Weeze-Wemb
2004: Erster Mitarbeiter
2006: Firmensitz in Kevelaer wird bezogen; Mitarbeiter: 6
2007: ISO 9001
2008: Erweiterung der Firma, neue Halle; Mitarbeiter: 14
2009: Schweißroboter ermöglicht Eigenproduktion
2010: Eigener Schulungsraum; Mitarbeiter: 20
2011: Große Erweiterung, Verdopplung der Kapazitäten
2012: Neue Produktionsmaschinen (Lasermaschine, Kantbank usw.); Mitarbeiter: 41
2013: ABS fasst Fuß in den USA

■

ABS Safety GmbH
Kevelaer
www.absturzsicherung.de

Auf einen Blick

Gründungsjahr: 1999

Mitarbeiter: ca. 35

Leistungsspektrum:
– Containerdienst
– Wertstoffhof
– Schrott- und
  Metallhandel
– Erdbewegungen
– Abbrucharbeiten
– Industriedemontagen
– Entrümpelung
– Aktenvernichtung

Zertifzierungen:

nach § 52 Kreislauf-
wirtschaftsgesetz von
der ZER-QMS GmbH
als Entsorgungsfach-
betrieb zertifiziert

Pietsch Rohstoffe GmbH

Abfall ist Rohstoff am falschen Ort. Von diesem Gedanken überzeugt, bietet die Firma Pietsch seit 1999 eine umfangreiche Palette an Entsorgungsdienstleistungen am unteren Niederrhein an – ganz gleich, ob es sich um Gewerbeabfälle oder private Abfälle handelt.

Neben einem klassischen Containerdienst bietet Pietsch seinen Kunden ein breit gefächertes Dienstleistungsportfolio rund um das Thema Abfall und Entsorgung. Abbrucharbeiten gehören ebenso zum Leistungsspektrum wie Entrümpelungen, Erdbewegungen und Aktenvernichtung. Außerdem betreibt das Unternehmen in Kleve einen Wertstoffhof, an dem Sperrmüll, Grünabfälle, Altpapier, Bauschutt oder Altmetalle angenommen werden. Darüber hinaus haben Kunden die Möglichkeit, kleine Mengen Rindenmulch, Sand, Kies oder Schotter beim Wertstoffhof einzukaufen. Für größere Mengen stellt Pietsch selbstverständlich einen Lieferservice zur Verfügung.

Für den Containerdienst können ein konkreter Abholtermin oder eine turnusmäßige Entleerung vereinbart werden. Sämtliche Container sind wahlweise für Mischabfälle als auch für sortenreine Abfälle wie beispielsweise Folie, Holz, Bauschutt, Gartenabfälle, Kompost, Papier oder Bioabfall bestellbar.

Abgerundet wird das Leistungsspektrum von Pietsch durch einen umfangreichen Maschinenpark und qualifiziertes Fachpersonal für kleinere und größere Abbrucharbeiten.

■

**Pietsch Rohstoffe
GmbH, Kleve**
www.pietsch-rohstoffe.de

Pietsch ist der kompetente Partner in der Abfallentsorgung am Unteren Niederrhein.

bedingungen. Richtet man den Blick über die Grenze in die Niederlande, so befinden wir uns hier im zweitgrößten zusammenhängenden Gartenbaugebiet Europas.

Zwischen den wirtschaftlichen Agglomerationen des Ruhrgebiets und der Randstad auf niederländischer Seite gelegen, ist der Kreis Kleve nicht mehr länger nur ein Transitraum der Warenströme. Die Infrastruktur hat sich erheblich verbessert. Die Gewerbegebiete in vielen Gemeinden, so auch der Gewerbepark rund um den Airport Weeze, ziehen durch ihre verkehrsgünstige Lage Logistiker und Großhandelsunternehmen an. Der Airport Weeze hat sich zudem zu einem „Jobmotor" in der Region entwickelt.

Bei aller Filialisierung überwiegt der mittelständische, inhabergeführte Einzelhandel. Der hochwertige Angebotsmix und oftmals attraktive städtebauliche Strukturen ziehen die Kunden an, auch aus den Niederlanden. Eine besondere Magnetwirkung hat dabei die Stadt Kleve. Der Einzelhandel erzielt hier rund 50 Prozent mehr Umsatz als an Kaufkraft in der Stadt vorhanden ist.

Die reiche Kulturlandschaft mit zahlreichen Museen, Parks und Gärten sowie die reizvolle Landschaft des Niederrheins animieren die Besucher zum Wiederkommen. Im Gastgewerbe wurde der Trend hin zu Kurz- und Wochenendurlaub frühzeitig erkannt und ein attraktives Angebot aufgelegt. In 20 Jahren haben sich die Übernachtungszahlen mehr als verdoppelt – Tendenz steigend.

Auch im demografischen Wandel steht der Kreis Kleve bisher gut da. Noch bis 2030 wird die Bevölkerung insgesamt stabil bleiben. Dennoch: Auch hier wird das Potenzial an Erwerbspersonen knapper. Die Fachkräftesicherung wird für die Unternehmen immer wichtiger. Aus- und Weiterbildung im eigenen Betrieb nehmen an Bedeutung zu. Darüber hinaus bietet die Hochschule Rhein-Waal den Unternehmen die Chance, in der Region praxisnah ausgebildete Absolventen anzuwerben. Davon profitiert auch und gerade der Mittelstand.

Der Strukturwandel wird sich fortsetzen. Die Herausforderungen nehmen zu. Es kommt darauf an, auch in Zukunft für die Wirtschaft und den Mittelstand die richtigen Rahmenbedingen zu setzen. Damit die Unternehmen bleiben können wie sie sind – zukunftsorientiert, flexibel und leistungsstark. ∎

Die Rheinbrücke Emmerich ist mit 803 Metern die längste Hängebrücke Deutschlands.

Auf einen Blick

Gründungsjahr: 1905

Mitarbeiter: 37

Leistungsspektrum:
– Produktion von
  Vormauerziegeln
  (Klinkern) und Klinker-
  riemchen mit über
  1000 Standardsorten
– Import und Vertrieb
  von Natursteinver-
  blendern der Eigen-
  marke Z-STONES
– Import und Vertrieb
  von dekorativen
  Verblendsteinen der
  Marken STEGU und
  STONES

Celina-Klinker werden
über den Baustoff- und
Klinkerhandel vertrie-
ben. Celina-Riemchen,
die Natursteinverblen-
der Z-Stones sowie die
dekorativen Verblend-
steine der Marken
STEGU und STONES
sind in nahezu allen
namhaften Baumarkt-
ketten erhältlich.

CELINA-KLINKER
Klinkerwerk Küsters GmbH & Co. KG

*Im Schatten der Klever Schwanenburg, im Orts-
teil Kellen (röm. „Celina"), liegt das von der
Familie Hegholtz geführte, im Jahr 1905 gegründete Klinkerwerk. Der Mix aus Know-how, kon-
tinuierlichen Investitionen in modernste Verfah-
renstechnik und der Einsatz von flexiblen In-
dustrierobotern haben aus dem einst kleinen
Ziegelwerk eine international gefragte Adresse
für keramische Wandbekleidungen gemacht.
Architekten, Planer und Wohnungsbaugesell-
schaften – vor allem aus England, den Niederlanden und Norddeutschland, immer mehr aber
auch aus der Region Niederrhein – lassen sich
in der Steinstraße in Sachen Fassadengestaltung
mit Klinkern und Riemchen beraten.*

*Geschätzt wird vor allem die Bereitschaft,
individuelle Lösungen zu finden und spezielle
Wünsche zu erfüllen.*

*CELINA-KLINKER gehört zu den wenigen
Herstellern, die technisch in der Lage sind, nahezu alle Klinkersorten 1 : 1 auch als Riemchen zu
produzieren.*

*Dies geschieht besonders umweltfreundlich:
Die Riemchen werden direkt produziert, ohne sie
– wie sonst üblich – aus dem gebrannten Voll-
klinker zu sägen.*

*Celina-Riemchen werden als extrem lang-
lebige, wartungsfreie und umweltschonende
Alternative zu wartungsintensiven Putzfassaden
immer stärker nachgefragt.*

■ CELINA-KLINKER
Klinkerwerk Küsters
GmbH & Co. KG
Kleve
www.celina-klinker.de

Auf einen Blick

Gründungsjahr: 1950

Leistungsspektrum:

Planung, Fertigung und
Montage von gewerb-
lichen und landwirt-
schaftlichen Stahlhallen

■

**Stragebau Peters
GmbH & Co. KG
Straelen
www.stragebau.de**

Stragebau Peters GmbH & Co. KG

Stragebau Peters ist seit nunmehr über 50 Jahren erfolgreich im Stahlbau tätig. Unter der Leitung von Diplom-Betriebswirt Georg Peters werden bundesweit Objekte im Stahlhallenbau und Stahlhochbau abgewickelt. Das Leistungsspektrum erstreckt sich dabei sowohl auf gewerbliche Hallenbauten – zum Beispiel Lagerhallen, Produktionshallen, Verkaufshallen, Kran-

bahnhallen – als auch auf landwirtschaftliche Hallen aller Art wie Stallungen, Reithallen, Lagerhallen oder auch Maschinenhallen.

Die erfahrenen Montagekolonnen von Peters arbeiten effizient und setzen in kürzester Zeit die Stahlkonstruktion auf. Alle weiteren Gewerke werden aufgrund detaillierter Planung nahtlos bzw. parallel abgewickelt, sodass die Bauzeit auf ein Minimum reduziert wird.

E-Center Peter Kox –
ein Markt zum Verlieben

Auf einen Blick

Mitarbeiter: 60

Angebotsspektrum:

– täglich frisches
  Obst & Gemüse

– Wurstwaren

– Metzgerei

– Bio-Produkte

– Käsetheke

– Getränkemarkt
  Trink gut

– Blumenshop

– Bäckerei mit Café

– Schuh- und
  Schlüsseldienst

– Lotto, Zeitschriften,
  Reinigung, Tabak-
  waren

■

**E-Center Kox
Kerken-Aldekerk
frischmarkt.kox@t-online.de**

E-Center Kox

Auf einer Fläche von 2500 Quadratmetern, direkt an der B 9 gelegen, bietet das in der dritten Familiengeneration geführte Unternehmen seinen Kunden ein breites und aktuelles Sortiment sowie seit 2010 einen separaten Getränkemarkt (Trink gut). Besonderen Wert legt das gesamte Team auf Frische, Freundlichkeit und erstklassigen Service. Neben Qualität und guten Preisen gehören selbstverständlich auch eine kompe-

tente Beratung und eine große Palette an speziellen Serviceleistungen wie Präsentkörbe, Wurststräuße, gekühlte Getränke, Wurst- und Käseplatten sowie frische selbsthergestellte Salate zum täglichen Geschäft des Marktes. Zweimal wöchentlich bereiten Kox-Mitarbeiter zusätzlich verschiedene „Take away-Mahlzeiten" zu. Abwechslung gibt es auch im Außenbereich: Frischer Fisch und gegrillte Hähnchen runden das Angebot ab.

Der Kreis Kleve bewegt – aktive Wirtschaftsförderung

Hans-Josef Kuypers

Das Aufgabenspektrum der Wirtschaftsförderung Kreis Kleve GmbH (WfG) lässt sich in vier großen Schlagworten darstellen: Bestandspflege, Neuakquisition von Unternehmen, Tourismusförderung und Agrobusiness-Unterstützung. Seit Kurzem ist die Förderung der jungen Hochschule Rhein-Waal und ihre Nähe zu den in der Region tätigen Unternehmen zu intensivieren eine weitere Aufgabe der WfG.

Um den Kreis Kleve wirklich zu bewegen und voranzubringen, wurden die Potenziale und Kompetenzen der Region vernetzt und in einer Agentur zusammengeführt. Oberstes Ziel ist das wirtschaftliche Wachstum in einer attraktiven und florierenden Region. Dafür bietet die Kreis-WfG Beratung, Unterstützung und viele Serviceleistungen, die so unterschiedlich sind wie die fast 19 000 kleinen und mittleren Unternehmen selbst.

Die stetig steigende Zahl der sozialversicherungspflichtig Beschäftigten im Kreis Kleve – erstmals im Jahr 2010/2011 wurden über 80 000 registriert – ist ein guter Indikator für die wirtschaftliche Prosperität des Kreises. Dieser neue Rekord fällt umso mehr ins Gewicht, wenn man bedenkt, dass in der Vergangenheit im Kreisgebiet große Unternehmen wie die Schokoladen-Fabrik Neugebaur & Lohmann in Emmerich am Rhein, XOX und Elefanten in Kleve und der Graphische Betrieb Bercker in Kevelaer ihre Produktion einstellen mussten. Was an Industrie verloren ging, das gewannen insbesondere namhafte Vertreter der Ernährungswirtschaft, des Gesundheitswesens und die Freiberufler hinzu.

Auch an der noch jungen Hochschule Rhein-Waal in Kleve bewegt sich bereits einiges, zum Beispiel in gemeinsamen Veranstaltungen wie „Studierende treffen Wirtschaft". Inzwischen haben heimische Unternehmen mehr als 200 Praktikantenplätze für die neuen Studierenden angeboten. Die Kreis-WfG hat darüber hinaus auch die heimische Logistik im Fokus, die in der Region – mit steigender Tendenz – gut 3000 Arbeitsplätze bereithält, und für die sie einmal im Jahr den „Tag der Logistik" veranstaltet. Wichtige Hinweise auf das, was der heimischen Wirtschaft helfen könnte, sammelt die WfG Kreis Kleve ferner bei erfolgreichen Veranstaltungsreihen wie dem Unternehmerfrühstück und dem Unternehmerabend in allen Kommunen des Kreisgebietes. Gemeinsam mit den lokalen Wirtschaftsförderern wird dort in zwangloser Runde der persönliche Kontakt zu den örtlichen Unternehmerinnen und Unternehmern gesucht.

Aber auch das Umland und kreisübergreifende Veranstaltungen stehen im Fokus der Kreis-WfG wie zum Beispiel die größte niederländische Immobilienmesse Provada in Amsterdam. Im eigens für die Messe erstellten digitalen Immobilien-Guide werden die großen Projekte aus dem Kreis Kleve beworben. Die Investorensuche jenseits der Grenze hat bereits interessante Erfolge zu verbuchen.

Eine wichtige Voraussetzung für solche Erfolge wurde im Jahr 2010 geschaffen. Im September dieses Jahres ist der landesplanerische Vertrag für den „Virtuellen Gewerbeflächenpool" des Kreises Kleve von allen Bürgermeistern der 16 kreisangehörigen Kommunen in Kalkar unterschrieben worden. Mit den ersten Flächenentnahmen und ihrem positiven Einfluss auf die problemfreie Bereitstellung von Gewerbeflächen im Kreisgebiet ist diese Idee nach

Fortsetzung Seite 79

76

Einst in der Garage gegründet, heute zum Vorzeigen: Diplom-Ingenieur Heinz Voortmann (2. v. li.) schildert im Rahmen der „Sommertour Ausbildung" mit der Kreis-Wirtschaftsförderung Aufgaben der Firmen „Voortmann Steuerungstechnik" und „Pneumotec Automatisierungstechnik" in Issum. Die Mitarbeiter ließen sich gerne bei der Arbeit zuschauen.

KKB Kreis Kleve Bauverwaltungs-GmbH

Die KKB ist ein modernes Dienstleistungsunternehmen, dessen Hauptaufgabe die Abwicklung von Baumaßnahmen im Hoch- und Tiefbaubereich ist. Darüber hinaus beschäftigt sich die KKB im Kreis Kleve mit Projekt-, Gebäude- und Grünflächenmanagement. Zu den Tätigkeiten des Unternehmens gehören die Abwicklung sämtlicher Bauunterhaltungsmaßnahmen im Hoch- und Tiefbaubereich für den Kreis Kleve sowie von Immobiliengeschäften zur Abwendung konversionsbedingter Folgen – insbesondere hervorgerufen durch die Aufgabe des britischen Militärstandortes Weeze-Laarbruch. Letzteres bezieht sich vor allem auf den Ankauf von in diesem Zusammenhang in Weeze freiwerdenden Wohnungen.

Ebenfalls im Zuständigkeitsbereich der KKB ist der Straßendienst: Sichere Straßen im Sommer und Winter bei einem gepflegten Erscheinungsbild können von jedem Verkehrsteilnehmer erwartet werden.

Bürogebäude der KKB
in Bedburg-Hau

Auf einen Blick

Gründungsjahr: 1994

Mitarbeiter: 33

Leistungsspektrum:
Planung, Vergabe, Überwachung und Abwicklung sämtlicher anfallender Baumaßnahmen im Hoch- und Tiefbaubereich für den Kreis Kleve

■
KKB Kreis Kleve
Bauverwaltungs-GmbH
Bedburg-Hau
www.kkbgmbh.de

Auffassung von Wirtschaftsförderung Kreis Kleve und Kommunen inzwischen „kreisweit angekommen".

Um Investoren, Projektentwickler und Architekten auf reizvolle Immobilien im Kreis Kleve aufmerksam machen zu können, setzt die WfG zusätzlich auf einen umfangreichen Maßnahmenkatalog. Dazu gehören der Info-Brief „Logo Spezial", mit dem per Mail und in gedruckter Form zweimal jährlich auf attraktive Gewerbeimmobilien aufmerksam gemacht wird, eine eigene App fürs iPhone, Beratungswochen für Existenzgründer, Info-Tage für Nachfolge-Interessierte, pointiertes Standortmarketing mit dem Besuch der Expo Real in München sowie die alljährliche „Sommertour", die sich jeweils in der fünften Woche der sommerlichen Ferienzeit um Themen wie Logistik, Ernährungswirtschaft und Ausbildung kümmert. Mit etwa 300 teilnehmenden Gästen gilt das „Forum Kreis Kleve – das Fachleute-Treffen für wirtschaftlich Interessierte" als alljährliche Schwerpunkt-Veranstaltung der Kreis-WfG. Über die Region bekannte und namhafte Referenten präsentieren sich hierbei am Mikrofon –

einer der renommierten Gäste war beispielsweise der Ex-Handball-Bundestrainer Heiner Brand.

Insgesamt organisiert die WfG Jahr für Jahr rund 50 Einzelveranstaltungen. Die Mitarbeiterinnen und Mitarbeiter der Kreis-WfG engagierten sich bei einem Dutzend nationaler und internationaler Messeveranstaltungen. Bearbeitet werden mehr als 100 Förderanträge auf Beratung mit einem Volumen von etwa 500 000 Euro. Jährlich werden zusätzlich 52 Radio-Sendungen „Forum Kreis Kleve – das Wirtschaftsförderungs-Radio" initiiert. Sie runden das breite Spektrum des Standort-Marketingansatzes ab.

Die Erfolge dieser Bilanz lassen sich ganz objektiv dokumentieren. Unstrittig ist vor allem der Zugewinn an Arbeitsplätzen in den vergangenen 35 Jahren: 23 670 sozialversicherungspflichtig Beschäftigte. Der Sprung auf das Allzeithoch von 80 664 sozialversicherungspflichtig Beschäftigten gelang in den letzten fünf Jahren. Das bedeutete für den Kreis Kleve eine Arbeitslosenquote, die seit Jahren deutlich unter dem Landesdurchschnitt liegt. ∎

Treffpunkt für fast 400 wirtschaftlich Interessierte: Das fünfte Forum Kreis Kleve lockte zahlreiche Gäste in die Tichelpark-Kinos der Kreisstadt.

Innovative Dienstleister auf dem Vormarsch

Mario Goedhart

Seit vielen Jahren ist zu beobachten, dass das produzierende Gewerbe hinsichtlich der angebotenen Arbeitsplätze rückläufig ist. Arbeiteten 1982 noch 55 Prozent der Beschäftigten dort, so waren es 2011 nur noch 31 Prozent. Auf dem Vormarsch befindet sich dagegen das Dienstleistungsgewerbe, in dem mittlerweile 68 Prozent der Beschäftigten am Niederrhein tätig sind.

Die Dienstleistungswirtschaft im Kreis Kleve ist stark unterteilt, und zwar in die Bereiche: Handel, Kredit- und Versicherungswirtschaft, Verkehrsgewerbe, Gastgewerbe und industrienahe Dienstleistungen.

Der Handel kann in drei Bereiche gegliedert werden: Großhandel, Einzelhandel und Internethandel.

Der Großhandel im Kreis Kleve bildet Sortimente und bietet diese dem Einzelhandel, der Industrie und dem Handwerk an. Aufgrund der ländlichen Struktur und der dadurch bedingten starken Stellung des Blumen- und Gemüseanbaus im Kreis gibt es hier zahlreiche Betriebe, die mit Schnitt- und Topfpflanzen sowie Gemüse handeln. Diese Betriebe befinden sich überwiegend im Südteil des Kreises und profitieren von der in Straelen-Herongen ansässigen Versteigerung Landgard. Daneben existieren zahlreiche Großhandelsbetriebe unterschiedlicher Branchen. Der Internethandel ist dreigeteilt: Viele innovative Gründer versuchen, eine eigene Plattform neben ihrem angestammten Ladengeschäft zu etablieren oder über eine eigene Plattform erfolgreich zu sein. Andere wiederum nutzen Servicefirmen wie Ebay, um Umsatz zu generieren.

Besonderes Markenzeichen der 16 Städte und Gemeinden im Kreis Kleve ist der überwiegend mittelständisch geprägte, inhabergeführte Einzelhandel. Die gepflegten Sortimente locken viele Auswärtige zum Kauf. Vor allem niederländische Kunden zählen seit vielen Jahren zu den Stammgästen im Kreis Kleve. Kennzeichen für die hohe Qualität des Einzelhandels sind die Zentralitätskennziffern. Die Stadt Kleve mit einer Zentralität von 1.6 bedeutet nichts anderes, als dass zur vorhandenen Kaufkraft noch 60 Prozent zusätzlich nach Kleve fließen.

Die Kreditversorgung der Wirtschaft erfolgt überwiegend durch lokale Sparkassen und Volksbanken. Hinzu gesellen sich in den Hauptorten auch Filialen der großen Geschäftsbanken. Die Versicherungsgesellschaften sind durch ihre vor Ort tätigen selbstständigen Versicherungskaufleute präsent.

Durch die zentrale Lage des Kreises – die verbesserte Verkehrsanbindung durch zwei Autobahnen sowie die gut ausgebauten Bundesstraßen, die Eisenbahnlinie Emmerich am Rhein-Ruhrgebiet und den Rhein mit seinen Häfen unterstreichen dies – erlangt die Verkehrswirtschaft zunehmend an Bedeutung. Neben den traditionellen Speditionen hat sich der Logistiksektor hervorragend entwickelt. So werden von Emmerich am Rhein aus durch das Logistikzentrum des Unternehmens BLG europaweit Produkte der Firma Konica Minolta versandt. Auch der Airport Weeze erlangte in kurzer Zeit Bedeutung als viertgrößter Flughafen in Nordrhein-Westfalen.

Das vorwiegend mittelständisch geführte Gastronomiegewerbe ist gekennzeichnet durch eine hohe Ausbildungsquote. Jährlich werden allein im Bereich der IHK-Zweigstelle Kleve über 100 Auszubildende aus

Fortsetzung Seite 86

Eine der jüngeren Ansiedlungen in der Stadt Emmerich am Rhein: Die Bremer Lagerhausgesellschaft (BLG) schuf zusammen mit der Firma Konica Minolta mehr als 200 neue Arbeitsplätze in der Rheinstadt.

Rechte Seite oben:
Volksbank in Weeze

Rechte Seite unten:
Für die Region, für die
Menschen: Mitarbeiter
der Volksbank an der
Niers und der Volksbank
Kleverland

Volksbank an der Niers und Volksbank Kleverland – zwei starke Banken im Kreis Kleve

Ihre Tradition reicht weit in das 19. Jahrhundert zurück: Handwerker, Kaufleute und Landwirte gründeten die ersten Genossenschaftsinstitute im Kreis Kleve. Heute stellen zwei Volksbanken als regionaler Finanzdienstleister für Privatkunden und Mittelstand unverzichtbare Säulen für das heimische Wirtschaftsleben dar: die Volksbank an der Niers und die Volksbank Kleverland. Tradition und der Kontakt von Mensch zu Mensch auf der einen Seite, auf der anderen kompetente Beratung und modernster Service: Die beiden Volksbanken bieten ihren rund 142 000 Kunden – davon mehr als 59 000 Mitglieder – die gesamte Bandbreite an aktuellen und maßgeschneiderten Finanzlösungen.

Die Mitglieder der genossenschaftlichen FinanzGruppe Volksbanken Raiffeisenbanken fühlen sich den genossenschaftlichen Werten verpflichtet – und praktizieren sie in ihrer täglichen Arbeit. Oder wie es der erfolgreiche Buchautor und ehemalige Tagesthemen-Moderator Ulrich Wickert ausdrückt: „Ich freue mich, dass sich die genossenschaftliche FinanzGruppe Volksbanken Raiffeisenbanken zu diesen Werten bekennt. Und ich wünsche mir, dass noch viel mehr Menschen so denken und handeln."

Die Philosophie der Volksbanken Raiffeisenbanken geht zurück auf den Sozialreformer und Genossenschaftsgründer Friedrich Wilhelm Raiffeisen, der die Grundprinzipien Selbsthilfe, Selbstverantwortung und Selbstverwaltung zum Fundament der Volksbanken erklärte. Auf dieser Basis hat sich vor über 150 Jahren die Idee der gemeinschaftlichen Solidarität bis in die Gegen-

Die 36 Geschäftsstellen
und 14 SB-Center der
beiden Volksbanken im
Kreis Kleve

Auf einen Blick

Mitarbeiterinnen und Mitarbeiter: 617

Leistungsspektrum:
die komplette Bandbreite an aktuellen und maßgeschneiderten Finanzlösungen für Privat- und Geschäftskunden

Kunden: 142 000

Mitglieder: 59 000

Standorte:
insgesamt 36 Geschäftsstellen und 14 SB-Center im Kreisgebiet

■

Volksbank an der Niers
Volksbank Kleverland
www.vb-niers.de
www.volksbank-kleverland.de

wart ausgebaut. Heute präsentieren sich die beiden Volksbanken als dienstleistungsorientierte Unternehmen der Finanzbranche, die Sparern und Investoren individuelle Unterstützung anbieten.

Bei dieser besonderen Förderung wirtschaftlicher Interessen belassen es die Volksbank an der Niers und die Volksbank Kleverland aber nicht. Als eigenständige und mittelständische Unternehmen denken und handeln sie genauso wie die Firmenkunden, die sie betreuen. Aus diesem Selbstverständnis heraus setzen sie sich für einen starken, unabhängigen Mittelstand ein. Kleinere und mittlere Unternehmen werden kompetent und individuell beraten. Durch die Nähe zu den Menschen und zum Markt sind die Volksbanken eng mit der Region verbunden. Darüber hinaus nehmen sie auch als Arbeitgeber und Ausbildungsbetriebe ihre gesellschaftliche Verantwortung wahr. Sie sind wichtige Investoren und stärken die Infrastruktur in den Städten und Gemeinden. Und schließlich sind sie ein engagierter Partner der reichhaltigen Vereinslandschaft. Als Sponsor und Spendengeber unterstützen sie vor allem Jugendpflege, Sport, Kultur und Bildung. Nach dem Raiffeisen-Motto „Was einer nicht kann, das vermögen viele" ermöglichen die Genossenschaftsinstitute auf diese Weise viele sinnvolle Aktivitäten, vor allem aber bürgerliches Engagement vor Ort.

Immer nah am Kunden: Baustoff-Zentrum und hagebau-Markt Swertz in Goch

Auf einen Blick

Gründungsjahr: 1935; heute wird die Firmengruppe in der 3. Familiengeneration geführt.

Mitarbeiter: ca. 250

Leistungsspektrum: Die Firma Paul Swertz betreibt heute Baustoff-Fachandlungen und hagebau-Märkte in Goch, Kleve, Xanten, Alpen und Emmerich am Rhein.

■

Paul Swertz GmbH
Goch
www.swertz-bauzentrum.de

Paul Swertz GmbH

Das Unternehmen Paul Swertz geht zurück auf das Jahr 1935. Damals wurde der Grundstein für eine über Jahrzehnte erfolgreich wachsende Firmengruppe im Bereich Baustoffe und Lösungen rund ums Bauen gelegt.

Der Beitritt zur Einkaufskooperation hagebau, dem größten Verbund auf diesem Gebiet in Europa, Anfang der 1970er-Jahre bedeutete *einen großen Wendepunkt in der Firmenhistorie und war gleichzeitig der logische Schritt in der Planung der Firma Swertz, das Unternehmen weiter voranzubringen.*

So entstanden ab 1981 die hagebau-Märkte in Goch, Kleve und Xanten. Baustoff-Fachhandlungen sind an den Standorten Goch, Kleve, Xanten, Alpen und Emmerich am Rhein vertreten.

Auf einen Blick

Gründungsjahr:
Goch: 2009
Geldern: 2010

Mitarbeiter: je 20 in Goch und in Geldern

Leistungsspektrum: Das Sortiment umfasst über 50 000 Artikel bekannter Markenhersteller aus allen Bereichen der Unterhaltungs- und Haushaltselektronik, Informationstechnologie und Telekommunikation.

■

MEDIMAX
Electronic GmbH
Goch und Geldern
www.medimax.de

Die MEDIMAX Märkte in Goch und in Geldern sind die beiden Filialen am linken Niederrhein und gehören zu den derzeit 110 Fachmärkten der ElectronicPartner-Verbundgruppe bundesweit.
Foto: Kai Terlinden (li.), Geschäftsführer in Geldern, und Jörg Barthel, Geschäftsführer in Goch.

MEDIMAX – 2 x stark am linken Niederrhein

Ob Notebooks, Kaffeevollautomaten, TV-Geräte oder HiFi-Anlagen: Wer erstklassige Beratung, vielfältige Produkte und attraktive Preise sucht, ist in den MEDIMAX-Märkten genau richtig. Das Unternehmen legt besonderen Wert auf eine konsequente Kundenorientierung. Alle Filialen sind übersichtlich gestaltet und nach Warengruppen gegliedert. Mit seiner Preisgarantie gibt *MEDIMAX Kunden zudem die Sicherheit, alle Produkte zum besten Preis kaufen zu können. Für seine Leistungen wurde MEDIMAX 2010 in einer Studie des Deutschen Instituts für Service-Qualität wiederholt als bester Elektrofachmarkt mit der kompetentesten Beratung ausgezeichnet. 2011 setzte sich MEDIMAX in einer Verbraucherumfrage des Instituts als beliebtester Elektromarkt Deutschlands durch.*

Auf einen Blick

Gründungsjahr: 1996

Mitarbeiterinnen
und Mitarbeiter: 84

Leistungsspektrum:

– Bücher

– Broschüren

– Kunstkataloge

– Geschäftsberichte

– Kataloge

– Preislisten

– Zeitschriften

– Werbedrucksachen

– Displays

– Aufsteller

– Verpackungen

– Konfektionierung

– Einzelversand

– Apps und E-Books

B.o.s.s Druck und Medien GmbH

„Qualität ist B.o.s.s" – unter dieser Devise wurde im Jahr 1996 die Firma B.o.s.s Druck und Medien neu gegründet, mit der Ausrichtung, sich als Qualitätsdienstleister zu positionieren.

Heute produzieren über 80 Mitarbeiter in dem vollstufigen Betrieb. Der Anspruch „Qualität ist B.o.s.s" spiegelt sich dabei in allen Produkten wider. Die Leidenschaft und Hingabe sowie die eindeutige Aussage, qualitativ hochwertige und individuelle Lösungen im industriellen Stil zu fertigen, sind eine besondere Stärke des Dienstleisters.

Dabei kanalisiert das Unternehmen sein vielfältiges Produktspektrum unter den etablierten Marken „B.o.s.s Art", „B.o.s.s Media", *„B.o.s.s Display" und „eB.o.s.s", um noch gezielter individuelle Kundenwünsche berücksichtigen zu können.*

Die Qualität der Produkte und die stimmige Firmengeschichte wurden in den vergangenen Jahren bereits mehrfach bei bedeutenden Wettbewerben ausgezeichnet und gewürdigt.

In diesem anspruchsvollen Spektrum legt B.o.s.s besonderen Wert auf die individuelle Beratung, um seine Kunden bei der Entwicklung und Umsetzung als kompetenter Ansprechpartner zu betreuen.

Die Überwachung der Produktionsabläufe ist dabei ebenso wichtig wie die zuverlässige und pünktliche Ausführung der Kundenwünsche.

B.o.s.s ist einer der
führenden Druck- und
Mediendienstleister am
Niederrhein.

B.o.s.s Druck und
Medien GmbH, Goch
www.boss-druck.de

FLUXANA® ist auf die Forschung und Entwicklung von neuen Prüfverfahren für die Röntgenfluoreszenzanalyse spezialisiert.

FLUXANA® GmbH & Co. KG

FLUXANA® ist ein innovativer Dienstleister auf dem Gebiet der Röntgenfluoreszenzanalyse (RFA). Das Unternehmen liefert an die Anwender der RFA jegliches Zubehör wie Becher, Folien, Chemikalien und Kalibrierstandards. Außerdem wird ein Spektrum an verschiedenen Probenvorbereitungsmaschinen wie Schmelzöfen, Mühlen und Pressen angeboten.

Zur Unterstützung seiner Kunden bietet FLUXANA® auch RFA-Auftragsanalytik, die Herstellung neuer Referenzmaterialien und die Durchführung von Ringversuchen an. Abgerundet wird das Leistungsspektrum durch Applikationsentwicklungen inklusive Einführung der Methodik im Kundenlabor vor Ort sowie Schulungskurse über theoretische Grundlagen der RFA-Technik und deren praktischer Anwendung.

dieser Branche geprüft. Dies liegt auch daran, dass der Kreis Kleve die höchste Übernachtungsquote im IHK-Bezirk aufweist. Hier sind die Bemühungen der Akteure belohnt worden, den Kreis als Kurzurlaubsregion zu etablieren.

Auch in anderen Wirtschaftszweigen ist eine hohe Ausbildungsquote Standard, da der Mittelstand erkannt hat, wie wichtig qualifizierte Mitarbeiter sind. Interessant ist, dass gerade in der Dienstleistungsbranche in den letzten Jahren viele neue Berufe den Branchen helfen, zukünftige Facharbeiter zu gewinnen. Im Bereich der Personaldienstleister, der Fitnessbranche und der Lagerwirtschaft sind attraktive Berufsfelder geschaffen worden, die sichere Arbeitsplätze für die Zukunft versprechen. Eine weitere Trumpfkarte ist die in Kleve und Kamp-Lintfort entstandene Hochschule Rhein-Waal, die einen besonderen Schwerpunkt auf die sogenannten MINT-Fächer legt, also den naturwissenschaftlichen Bereich besonders betont.

Stellvertretend für die industrienahen Dienstleistungen stehen beispielsweise Ingenieurbüros, Unternehmensberatungen und zahlreiche andere Dienstleister, die zu den Freiberuflern zählen.

Für Dienstleistungsfirmen, die Büroflächen und Service benötigen, stehen die Technologie- und Gründerzentren in Kleve, Kalkar und Geldern zur Verfügung. Neben dem Büroservice wird hier auch eine betriebswirtschaftliche Beratung angeboten, die gerade jungen Firmen hilft, die schweren ersten drei Jahre zu überwinden. So ist im Technologie-Zentrum Kleve auch das Startercenter der Niederrheinischen Industrie- und Handelskammer in der Klever IHK-Zweigstelle untergebracht. Gründungsberatung, Übernahme von Unternehmen und Krisenberatung wird dort allen Gewerbetreibenden und Freiberuflern angeboten, um die Stärken der Region zu stärken. ■

Die Zukunft hat begonnen –
Das Handwerk setzt neue Akzente

Achim Zirwes

Unbestritten besteht inzwischen ein gesellschaftlicher Grundkonsens über die Notwendigkeit einer Energiewende, die ein breites Bündel an Maßnahmen umfassen muss. In Deutschland beinhaltet dies eine Konzentration auf die Energieeffizienz und erneuerbare Energien und erfordert eine erhebliche Beschleunigung und Verbreitung der entsprechenden Aktivitäten.

Die Handwerksbetriebe nehmen diese Herausforderung an. In vielen Gewerken gehören Maßnahmen zur Steigerung der Energieeffizienz zum Tagesgeschäft. Auch wurden Innovationen im Bereich Umwelt und Energie in den vergangenen 25 Jahren aktiv vorangetrieben. Nachhaltigkeit in der Region ist ein prioritäres Thema des Handwerks, dem im Kontext mit der nun geführten Debatte um eine beschleunigte Umsetzung verstärkte Aufmerksamkeit geschenkt wird.

Das nordrhein-westfälische Handwerk hat ein breites Spektrum an Aktivitäten im Bereich der ökologischen und energetischen Gebäudesanierung aufgebaut. Handwerksunternehmen gerade auch im Kreis Kleve haben in umfängliche Weiterbildungsmaßnahmen investiert.

Das Handwerk generiert im gesamten Bereich der erneuerbaren Energietechnologien eine nachhaltige Wertschöpfung. Von der Energieberatung über die Produktion, die Installation, die Wartung und die Instandhaltung sind Handwerksbetriebe involviert. Gleiches gilt für die Optimierung des Verbrauchs und die Verfügbarkeit der jeweils angeschlossenen Energiequellen bis hin zur Energiespeicherung. Diese Aussage lässt sich auch auf weitere Aspekte wie Trinkwassergüte, Luftqualität, Ernährung oder Nahversorgung beziehen.

Dem Handwerk kommt bei der Energiewende eine hohe Bedeutung zu. Dies wird vorrangig mit seiner zentralen Funktion bei der energetischen Gebäudesanierung in Verbindung gebracht. Der Handwerker ist für diese Themen in der Regel der wichtigste Ansprechpartner der Immobilieneigentümer. Aber auch in den Bereichen Mobilität, Energieversorgung sowie als industrieller Zulieferer spielt ein Handwerksbetrieb im Rahmen der Energiewende eine große Rolle. Der Fachhandwerker verfügt in allen diesen Feldern über eine hohe Fach-, Beratungs- und Planungskompetenz.

Somit stellt das Handwerk mit seiner regionalen Verwurzelung und den vielfältigen Bezügen zum täglichen Leben einen wichtigen Grundpfeiler für ein nachhaltiges, energie- und ressourceneffizientes Wirtschaften und gesundes Leben in allen Teilen Nordrhein-Westfalens dar – und somit natürlich auch im Kreis Kleve.

Eine besondere Verpflichtung ist damit jedoch verbunden: Infolge des Klimawandels werden auf die Bürgerinnen und Bürger und die Wirtschaft schwer einschätzbare finanzielle Lasten zukommen. Gleichzeitig wird das Reagieren wie das Nichtreagieren gleichermaßen zu erheblichen Kosten führen.

Vor diesem Hintergrund wird das Handwerk in dem geplanten Dialog zur Entwicklung des Klimaschutzplans Nordrhein-Westfalen eine aktive Rolle einnehmen.

Dabei ergeben sich auch erhebliche Chancen von der erforderlichen Anhebung der Sanierungsrate bis hin zum Beispiel zur

Fortsetzung Seite 90

Auf einen Blick

Gründungsjahr: 1962

Mitarbeiter: 98

Leistungsspektrum:

– Planung und
  Projektierung
– Anlagenbau TGA
– Service und Wartung
– Gebäude- und
  Energiemanagement

weitere Niederlassung
in Kamp-Lintfort

■
Berns Gebäudetechnik
GmbH & Co. KG
Kleve
www.berns-kleve.de

Berns Gebäudetechnik GmbH & Co. KG

Seit mehr als 50 Jahren steht der Name Berns am gesamten Niederrhein für innovative Ideen und Kompetenz in der Gebäudetechnik. Die Entwicklung und Umsetzung komplexer Gesamtlösungen sind dabei eine der besonderen Stärken der Firma. Berns Gebäudetechnik bietet seinen Kunden einen umfassenden Komplettservice – von der Beratung, Analyse und Planung über die Ausführung bis hin zur Wartung und Instandhaltung aller gebäudetechnischen Anlagen.

Auf einen Blick

Gründungsjahr: 1882

Mitarbeiter: 10

Leistungsspektrum:

– Elektroinstallationen
– Sanitär- und
  Heizungsanlagen
– Beleuchtungsanlagen
– Fotovoltaik
– komplette Badreno-
  vierung aus einer
  Hand
– Reparaturen
– Verkauf und
  Lieferservice von
  Elektrogroßgeräten

■
Emmers GmbH
Wachtendonk
www.emmers.info

Die Firma Emmers ist einer der ältesten Gewerbebetriebe in Wachtendonk.

Emmers GmbH

Der Handwerksbetrieb aus Wachtendonk kann heute auf eine über 130-jährige erfolgreiche Firmengeschichte zurückblicken. Aus kleinen Anfängen entwickelte der Kupferschmied und Kupferschläger Johann Jakob Emmers 1882 das Unternehmen. Im Jahr 1926 wurde der Betrieb durch eine Tankstelle erweitert, die heute noch geführt wird. Wenige Jahre später wird die Firma Emmers als Elektroinstallationsbetrieb eingetragen. Über die Jahrzehnte ist das Leistungsspektrum von Emmers immer vielfältiger geworden und deckt heute die Bereiche Elektro-, Sanitär- und Heizungsanlagen im privaten und industriellen Bereich ab. Badrenovierungen, Beleuchtungsanlagen bis hin zum Kundendienst von Hausgeräten ergänzen das Dienstleistungsangebot.

Auf einen Blick

Gründungsjahr: 1953

Mitarbeiter: 85

Leistungsspektrum:
– Dachabdichtung
– Bauklempnerei
– Fassadenbau
– Dachbegrünung
– Dachbeschichtung
– Energetische
  Sanierung
– Fotovoltaik
– Blitzschutz
– Lichtbänder

Jansen Bedachungen GmbH

Das Unternehmen Jansen Bedachungen wurde vor über 60 Jahren von Gerhard Jansen gegründet. Aus kleinen Anfängen entwickelte sich bis heute mit Fleiß, Geschick und fachlicher Kompetenz eine Handwerksfirma, die mit ihren Produkten und Dienstleistungen nicht nur am Niederrhein erfolgreich Bauvorhaben realisiert hat, sondern auch in Belgien, Dänemark und Großbritannien Referenzobjekte vorweisen kann.

Jansen Bedachungen ist spezialisiert auf verschiedenste Bereiche zum Thema Dach. Bedachungen, Dachbeschichtungen, Fassaden, Bauklempnerei, Dachausbau, Dachbegrünungen oder Blitzschutzanlagen gehören zu den täglichen Arbeiten.

Nachdem Gerhard Jansen seinem Sohn Walter die Firma übergab, führt mittlerweile die dritte Familiengeneration um Eric Jansen das Unternehmen und beschäftigt inzwischen 85 Mitarbeiter. Besonderen Wert legt die Geschäftsleitung auf die permanente Fortbildung seines Teams und den Einsatz modernster Geräte und Techniken. Mehr als 10 000 Quadratmeter Betriebsfläche bieten am Hauptsitz in Kleve genügend Raum für das Arbeiten, Beraten und Ausstellen. Heute unterhält Jansen Bedachungen außerdem Zweigstellen in Nimwegen (NL) und Erfurt.

Hauptsitz der Firma
Jansen Bedachungen
in Kleve

Das Unternehmen präsentiert sich als kompetenter Partner und Dienstleister rund ums Dach. Alle Arbeiten werden zuverlässig, fachgerecht und termingetreu erledigt. Zu den Kunden des mittelständischen Handwerksbetriebes gehören Privatleute, öffentliche Einrichtungen wie Banken, Schulen, Verwaltungen, Kliniken oder Kirchen sowie Unternehmen im In- und Ausland.

Jansen Bedachungen: Alles unter einem Dach – alles aus einer Hand.

■

Jansen Bedachungen
GmbH, Kleve
www.jansen-bedachungen.de

Mitarbeiter bei der
Herstellung von Profil-
blechen

Im Bereich der alternativen Energien hat das Handwerk im Kreis Kleve viele neue Perspektiven bekommen.

ressourcenschonenden Produktion von Lebensmitteln. Damit kann die regionale Wertschöpfung gestärkt werden.

Die Veränderungen werden aber auch erhebliche Probleme in vielen Bereichen auslösen. Für die Betriebe schon jetzt spürbar, wird sich 2020 ein erheblicher Fachkräftemangel in den technischen Berufen und den Bauberufen ergeben. Eine gegründete „Handwerksoffensive Energieeffizienz" verzahnt daher vier wesentliche Handwerksdimensionen:

– die qualifizierte Teilhabe an der Gestaltung lokaler Energiewendeprozesse mit der Herausarbeitung von Chancen für das örtliche Handwerk,

– die verstärkte Anerkennung der Qualifizierungsanstrengungen des Handwerks und die Ausbreitung unterstützender Beratungsstrukturen,

– die innerbetriebliche Vorbereitung auf einen zukunftsfähigen Umgang mit Energieverbrauch und -erzeugung sowie

– die Verankerung eines positiven Bildes vom Handwerk und damit verbesserte

Chancen für die Nachwuchsgewinnung und Fachkräftesicherung.

Mit der Verabschiedung eines solchen Gesamtpaketes hat das Handwerk nicht nur seine bereits ausgesprochene Mitwirkungsbereitschaft, sondern auch seine strategische Kompetenz signalisiert, die Ziele im Rahmen der Gremienarbeit zu operationalisieren und abgestimmt mit vielfältigen Angeboten und Aktionen im Land umzusetzen.

Im Kreis Kleve sind damit eine Vielzahl von Handwerksbetrieben beschäftigt: In inzwischen über 3900 Betrieben mit knapp 20 000 Beschäftigten und mehr als 1500 Auszubildenden werden ca. zwei Mrd. Euro erwirtschaftet. Das Kreis Klever Handwerk ist damit in der Region der größte Arbeitgeber und dadurch gut gerüstet, für die bereits begonnene Zukunft neue Akzente zu setzen.

Denn, wie heißt es so treffend in der vom deutschen Handwerk initiierten Imagekampagne: Das Handwerk. Die Wirtschaftsmacht. Von nebenan.　∎

Die Landwirtschaft und ihre regionalen Erzeugnisse

Dr. Wilhelm Wehren

Die Agrarwirtschaft im Kreis Kleve umfasst zwei etwa gleichgewichtige Bereiche, die Landwirtschaft und den Gartenbau. Neben dem Schwerpunkt der Milchviehhaltung sind Schweine- sowie Geflügel- und Putenhaltung von zentraler Bedeutung. Im Strukturwandel sind die Betriebsgrößen stetig gewachsen. Mit einem Durchschnittsbestand in der Milcherzeugung von 100 Kühen je Betrieb ist die günstigste Struktur für Westdeutschland erreicht.

Mit 34 Anlagen im gesamten Kreisgebiet stellen die Biogasanlagen einen neuen Betriebszweig in der Landwirtschaft zur Beteiligung an der Energiewende dar.

Die geeigneten Dächer der Bauernhöfe sind inzwischen überwiegend mit Fotovoltaik belegt. Die sehr vielfältigen Aktivitäten auf den Bauernhöfen beschäftigen auch viele Menschen in den vor- und nachgelagerten Bereichen mit überwiegend mittelständischen Unternehmen.

Mit der Ausdehnung der Milchviehhaltung um ca. 25 Prozent sowie als Rohstoff für die Biogasanlagen wurde der Maisanbau auf gut ein Drittel der Ackerfläche ausgedehnt. Eine große Vielfalt im Anbau von Ackerfrüchten neben diversem Grünland ist mit Getreiden, Raps, Zuckerrüben, Kartoffeln, Gemüsen und Feldgras nach wie vor gegeben. Eine gute wirtschaftliche Entwicklung führt zu verstärkter Nachfrage. Da aber Acker- und Grünlandflächen nicht unbegrenzt zur Verfügung stehen, sind die Folge steigende Pacht- und Bodenpreise.

Nach Angaben der IHK Duisburg–Wesel–Kleve liegt die Zahl der sozialversicherungspflichtig Beschäftigten im Agrarbereich des Kreises Kleve bei 4,7 Prozent

im Vergleich zu 0,5 Prozent in ganz Nordrhein-Westfalen. Das verdeutlicht den agrarischen Schwerpunkt mit Landwirtschaft und Gartenbau in dieser Region.

Die künftige Entwicklung in der Landwirtschaft setzt immer mehr auf technische Innovationen, wie zum Beispiel der stärkere Einzug der Sensortechnik in die Produktions- und Verarbeitungsabläufe. Zusammen mit der Initiative Agrobusiness Niederrhein, dem Versuchszentrum Haus Riswick der Landwirtschaftskammer und der neuen Hochschule Rhein-Waal in Kleve werden neue Impulse für eine positive Zukunft sorgen.

Mit der guten wirtschaftlichen Entwicklung sind gute Voraussetzungen für Landschaftserhalt und Naturschutz gegeben, für die sich die heimischen Landwirte tatkräftig engagieren. Dies wirkt sich außerdem positiv auf den regionalen Tourismus aus.

Die Schweinehaltung ist ein Schwerpunkt der heimischen Landwirtschaft.

Technische Innovationen
nehmen in der moder-
nen Milchviehwirtschaft
einen immer größeren
Stellenwert ein.

Anders als in vielen anderen ländlichen Regionen Deutschlands befinden sich im Kreis Kleve und dem angrenzenden Niederrhein viele verarbeitende Unternehmen der Lebensmittelbranche. Die aktuell starke Diskussion zu mehr Regionalität für kürzere Wege zum Verbraucher ist damit am Niederrhein schon für viele Produkte angelegt oder realisiert. Über 180 landwirtschaftliche Betriebe bieten regionale Produkte und Dienstleistungen an.

Der wichtige Bereich der Bildung hat eine Erweiterung erfahren mit dem Berufsschulunterricht Agrarservice (Lohnunternehmer) am Berufskolleg des Kreises Kleve. Ein Fachschulangebot Agrarservice der Landwirtschaftskammer auf Haus Riswick führt zur Meisterprüfung in diesem Beruf.

Diese beiden Angebote bedienen ganz Nordrhein-Westfalen.

Neue aktuelle Themen wie Energiewende und Klimawandel bestimmen derzeit die Arbeit im Landwirtschaftszentrum Haus Riswick. Mit dem neuen Milchviehversuchsstall, einem neu angelegten phänologischen Garten und Promotionsarbeiten mit Hochschulen in Bonn und Hannover werden Fragestellungen zu Klimawandel und klimarelevanten Gasen sowie Fütterungsfragen bei Milchkühen auch überregional für die Landwirtschaft geklärt.

Die Zusammenarbeit mit mehreren Fakultäten der neuen Hochschule Rhein-Waal und WageningenUR in den Niederlanden befinden sich im Aufbau. ∎

Mit 34 Anlagen im
gesamten Kreisgebiet
stellen die Biogas-
anlagen einen neuen
Betriebszweig in der
Landwirtschaft dar.

Kreis Kleve: Zu Lande, zu Wasser und in der Luft

Ocke Hamann

Der Kreis Kleve ist vor allem bekannt für sein reizvolles Landschaftsbild. Schaut man aber aus einem anderen Blickwinkel auf die Gemeinden des Kreises, so fällt die Vielfalt der verkehrlichen Anbindungen auf. Diese ist auch notwendig, denn der Kreis Kleve gehört als Teil des Niederrheins zu den wichtigsten Standorten der Logistikwirtschaft. Dabei ist der Rhein für die Wirtschaftsregion Kleve, an der Entwicklungsachse Rotterdam–Basel gelegen, von herausragender Bedeutung.

Drei Autobahnen durchqueren den Kreis Kleve.

Drei Autobahnen führen aus dem Ballungsraum Ruhrgebiet in den Kreis Kleve und darüber hinaus in die benachbarten Regionen der Niederlande: Die A 3 führt rechtsrheinisch durch den Kreis nach Arnheim, die A 57 verläuft linksrheinisch und südlich der Kreisstadt Kleve Richtung Nijmegen. Die A 40 verbindet in Ost-West-Richtung das Ruhrgebiet mit der Stadt Venlo in den Niederlanden. Somit verfügt der Kreis über attraktive Verbindungen für den Straßenfernverkehr sowohl in die Niederlande als auch in die Region Rhein-Ruhr. Bundes-, Landes- und Gemeindestraßen – wie beispielsweise die B 9 zwischen Köln und Nijmegen und die B 57 zwischen Moers und Kleve – sorgen für eine schnelle Erreichbarkeit. Angesichts steigender grenzüberschreitender Verkehre bleibt als wesentliche Aufgabe, Querverbindungen in die Niederlande weiter voranzutreiben.

Das wichtigste Bahnprojekt für den Güterfernverkehr im Kreis Kleve ist der dreigleisige Ausbau der Schienenverbindung zwischen Emmerich am Rhein und Oberhausen. Während die Verlängerung der sogenannten Betuwe-Linie auf niederländischer Seite bereits 2007 in Betrieb genommen werden konnte, stockt der Ausbau in Deutschland. Derzeit plant die Deutsche Bahn, ab 2014 ein drittes Gleis zu verlegen.

Im Schienenpersonenfernverkehr liegt der Kreis Kleve auf der Relation Amsterdam–Frankfurt (Main). Den öffentlichen Personennahverkehr (ÖPNV) erbringen im Kreisgebiet insbesondere die Niederrheinischen Verkehrsbetriebe. Die Privatbahn NordWestBahn betreibt eine Linie des Schienenpersonennahverkehrs in der Region; sie verläuft linksrheinisch von Kleve über Krefeld nach Düsseldorf. Eine weitere Linie befährt die Deutsche Bahn rechtsrheinisch von Emmerich am Rhein nach Duisburg.

Ob aus beruflichen, schulischen oder Freizeitgründen: Die Menschen im Kreis Kleve sind auf ein attraktives ÖPNV-Angebot angewiesen. Es steigert sowohl die Standort- als auch die Lebensqualität. Zu einem weiteren Schritt in diese Richtung führte zu Beginn 2012 die Verschmelzung des Tarifraums der Verkehrsgemeinschaft Niederrhein mit dem Verkehrsverbund Rhein-Ruhr (VRR). Im VRR sind die Menschen beispiels-

Fortsetzung Seite 98

Das Rhein-Waal-Terminal
hat für die logistischen
Betriebe eine wichtige
Funktion.

Der CityBus auf der
Linie 49 in der Klever
Fußgängerzone

Mobil bleiben im Kreis Kleve:
LOOK steht für attraktiven Nahverkehr

Gemütlich einen Kaffee auf der Rheinterasse „De Gelderse Port" im niederländischen Millingen trinken und dann bequem mit dem Bus zurück in die Klever City – die Linie 60 des Verkehrsdienstleisters LOOK macht das seit Kurzem möglich. Für die Bürger des Kreises Kleve Mobilität auch grenzüberschreitend zu gestalten, ist ein wichtiges Ziel der Planer bei LOOK. Die Verlängerung der Linie 60 bis zum beliebten Ausflugsziel am Rhein ist ein Beispiel für die Reaktion auf Mobilitätsbedarf in der Region. Neben der sicheren Beförderung von Schulkindern in den Linienbussen, geht es in Zukunft verstärkt darum, durch attraktiven und bedarfsgerechten Nahverkehr noch mehr Berufspendler, Familien und ältere Fahrgäste zum Umstieg in Bus und Bahn zu bewegen.

Das Traditionsunternehmen LOOK hat sich seit dem Kauf im Jahr 2006 durch die Niederrheinische Verkehrsbetriebe Aktiengesellschaft NIAG konsequent entwickelt. Inzwischen sind dort 26 eigene Linienbusse täglich am Niederrhein im Einsatz. Vier Linien mit 275 000 jähr-

lichen Kilometern laufen unter LOOK-Regie: Die Stadt und Kreis Klever ÖPNV-Linien 47, 52, 49 und 60. Weitere Verkehre werden für die NIAG durchgeführt.

2006 kaufte die Niederrheinische Verkehrsbetriebe Aktiengesellschaft (NIAG) das Unternehmen „Der vom Niederrhein" Omnibusreisen Willi Look. Das Ziel: Schaffung von Synergien für den Nahverkehr im Kreis Kleve. 2007 wurden nach Umbau und Erweiterung des bisherigen LOOK-Geländes die Betriebshöfe von LOOK und NIAG am Standort im Klever Industriegebiet Hammscher Hof zusammengelegt. Auf einer Fläche von rund 10 000 Quadratmetern ist hier das Equipment zur Abdeckung des von LOOK/NIAG durchgeführten ÖPNV konzentriert. Neben der Investition in den Standort wurde erst jüngst weiter in den Fahrgastkomfort investiert: So sind jetzt zwei zusätzliche Linienbusse mit neuester Umwelttechnik und barrierefreiem Zustieg für LOOK im Einsatz.

Auf einen Blick

Gründungsjahr: 1925

Mitarbeiter: 107

Verkehrsgebiet: Kreis Kleve und Millingen an de Rijn (NL)

Verkehrsleistung: rund 2 Mio. Linienkilometer Fuhrpark: 26 Busse

■

LOOK Busreisen GmbH „Der vom Niederrhein" Kleve www.look-busreisen.de

Auf einen Blick

Gründungsjahr: 1954 als Flughafen der Royal Air Force; Eröffnung 2003 als ziviler Flughafen

Mitarbeiter: über 1000 am Flughafen und den angesiedelten Behörden und Unternehmen

Airlines:
Ryanair, Air Berlin, Tailwind, Transavia

Destinationen:
59 Flugziele von A wie Agadir (Marokko) bis Z wie Zadar (Kroatien)

Kapazität: ca. 3,5 Mio. Passagiere pro Jahr

Passagierparkplätze: 7000

Flughafenareal:
Gesamtgröße 620 ha; Gebäudebestand mehr als 650 Wohnhäuser und Funktionsbauten

Airport Weeze

Der Airport Weeze geht zurück auf die Gründung des britischen Militärflughafens Weeze/Laarbruch im Jahr 1954. Nachdem die Royal Air Force bekannt gab, den Flughafen Ende der 1990er-Jahre aufzugeben, wurde bereits 1993 die Flughafen Niederrhein GmbH gegründet, um Nutzungskonzepte für das Flughafenareal zu erarbeiten. Im Jahr 2001 übernimmt eine niederländische Investorengruppe den Flughafen. Noch im selben Jahr wird die luftrechtliche Genehmigung für den zivilen Flugbetrieb erteilt.

Heute ist der Airport Weeze (NRN) mit rund 2,5 Millionen Fluggästen der drittgrößte Flughafen in Nordrhein–Westfalen. Er ist einer der jüngsten Flughäfen Europas und zugleich einer der ersten privaten Airports in Deutschland. Der Airport Weeze liegt zentral zwischen Nimwegen/Arnheim und Duisburg/Düsseldorf direkt

an der niederländischen Grenze. Von der A 57 ist der Airport stress- und staufrei zu erreichen. Der Flughafen bietet kurze Wege und eine angenehme Atmosphäre.

In einem 60-Autominuten-Radius leben über zehn Millionen Menschen. 40 Prozent der abreisenden Flughafenkunden kommen aus den Niederlanden, 60 Prozent aus der Region Niederrhein, aus dem Ruhrgebiet und aus dem Rheinland. Hauptkunde des niederrheinischen Flughafens ist die Low-Cost-Airline Ryanair, die den Flughafen mit neun stationierten Jets zu einer seiner größten deutschen Basen ausgebaut hat. Über 1000 Mitarbeiter sind heute am Flughafen und den hier angesiedelten Firmen und Behörden beschäftigt. Das Flughafenareal und das angrenzende Logistik- und Gewerbegebiet – die Airport City Weeze – umfassen eine Gesamtfläche von rund 620 Hektar.

An- und Abreiseterminal am Airport Weeze

■

Airport Weeze
Flughafen Niederrhein
GmbH
www.airport-weeze.com

97

Der Rhein: eine der wichtigsten Wasserstraßen Europas

weise bis Dortmund im Osten und Düsseldorf im Süden mobil. 8,1 Millionen Einwohnerinnen und Einwohner zählt das Verbundgebiet.

Mit dem Rhein-Waal-Terminal in Emmerich am Rhein verfügt der Kreis Kleve über einen trimodalen Ladeort. Über diesen sind die Absatz- und Beschaffungsmärkte Niederrhein, Rhein-Ruhr, Münsterland und die niederländischen Bezirke Liemers und Achterhoek schnell zu erreichen. Im Jahr 2011 hat das Terminal rund 917 000 Tonnen Güter umgeschlagen; auf den Schiffsverkehr entfielen etwa 757 000 Tonnen. Die Kaimauer des Hafens ist 300 Meter lang und bietet zwei Liegeplätze. Die Lagerkapazität für Container beträgt 3500 Standardcontainer. Der Hafen Emmerich am Rhein ist den bedeutenden Seehäfen Rotterdam und Antwerpen von deutscher Seite aus am nächsten gelegen. Bis Rotterdam benötigt

ein Binnenschiff knapp 10, bis Antwerpen 14 Stunden.

Zahlreiche europäische Destinationen lassen sich vom Kreis Kleve per Flugzeug erreichen. Ryanair hat den Airport Weeze über die Region hinaus bekanntgemacht. Die irische Luftverkehrsgesellschaft hat 2007 hier eines ihrer europäischen Luftverkehrsdrehkreuze eingerichtet.

Seine verkehrsgünstige Lage hat den Kreis Kleve zu einem gefragten Wirtschaftsstandort gemacht. Von hier aus erfolgt die Distribution von Konica-Minolta- und adidas-Produkten, um nur zwei Beispiele für erfolgreiche Neuansiedlungen der vergangenen Jahre zu nennen. Insgesamt sind am Niederrhein 2200 Logistikunternehmen tätig. In einer Umfrage der Niederrheinischen IHK haben diese Unternehmen den Logistikstandort Niederrhein mit „gut" bis „sehr gut" bewertet. ■

Agrobusiness – Standbein und Chance im deutsch-niederländischen Grenzraum

Martina Reuber

Der ländliche Raum gilt im Allgemeinen als strukturschwaches Gebiet. Am Niederrhein stimmt das nicht. Der Niederrhein ist ein Ballungsgebiet für Kompetenzen – für Agrobusiness-Kompetenzen. Hochleistungsfähige landwirtschaftliche und gartenbauliche Betriebe bilden die Grundlage für die Vernetzung von Unternehmen aus allen Bereichen der Ernährungswirtschaft: der Verarbeitung von Kartoffeln, Fleisch und anderen regionalen Frischeprodukten, von Kaffeeröstmaschinen und Spezialmaschinen über Süßwaren, Getränkehersteller, aber auch von Unternehmen aus Logistik, Vertrieb und Handel.

Hinzu kommen Interessensvertretungen, private Dienstleister, Verwaltungen, Bildungs- und Forschungseinrichtungen, die diese Kompetenzen fördern. Sie bieten dem niederrheinischen Agrobusiness eine tragfähige wirtschaftliche Perspektive.

Agrobusiness am Niederrhein: günstige Rahmenbedingungen

Die Rahmenbedingungen für das Agrobusiness sind günstig. Die Wirtschaftskraft ist enorm. In einem Radius von 200 Kilometern um die „Gartenbaustadt" Straelen leben 20 Millionen Verbraucherinnen und Verbraucher. Hinzu kommen ausgezeichnete klimatische Bedingungen für Landwirtschaft und Gartenbau: gute Bodenverhältnisse, ausreichend Wasser und milde Temperaturen. Auch infrastrukturell kann der Niederrhein punkten. Mit dem Rhein quert die Hauptwasserstraße Europas die Region mit ihren sieben Häfen, zu denen neben dem Duisport Hafen auch das Rhein-Waal-Terminal in Emmerich am Rhein zählt. Außerdem führt die wichtigste Eisenbahnroute aus den Niederlanden ins Ruhrgebiet mitten durch den Niederrhein. Je zwei Autobahnen durchschneiden die Region von Nord nach Süd und von West nach Ost. Und schließlich verfügt man mit Düsseldorf und Maastricht über zwei nahe gelegene Frachtflughäfen, die nicht nur für den Gartenbau wichtig sind.

Unter diesen Vorzeichen haben sich am Niederrhein exzellente Rahmenstrukturen für den Gartenbau entwickelt. Ausgeprägte Vermarktungsstrukturen, ein enges Logistiknetzwerk und die Bündelung gartenbaulicher Kompetenzen in der Region haben dazu geführt, dass der Niederrhein zur einzigen noch wachsenden Gartenbauregion Deutschlands geworden ist. Und wie andernorts auch, haben sich Gartenbau und Landwirtschaft am Niederrhein gewandelt. Die Erzeugung nachwachsender Rohstoffe, Bioenergie und touristische Angebote sind hinzugekommen. Lebensmittelherstellung, Handel und Vermarktung haben sich sehr selbstständig behauptet. Zusammen mit dem vorgelagerten Sektor, etwa dem Landmaschinenbau, und anderen Dienstleistungen wie Logistik und Forschung, bildet der Niederrhein damit eine wichtige Kompetenzregion, ein sogenanntes Cluster für das Agrobusiness. Aus diesem Cluster ist letztlich auch der Verein Agrobusiness Niederrhein entstanden. Mit seinen rund 70 Mitgliedern fördert er Wettbewerbsfähigkeit und Innovationskraft der Unternehmen des Agrobusiness am Niederrhein.

Leitbranche Agrobusiness: geballte Wirtschaftskraft

„Wir wollen das Agrobusiness bis 2020 zur regionalen Leitbranche am Niederrhein weiterentwickeln", so hat Christian Wagner, erster Vorsitzender des Vereins Agrobusiness Niederrhein, das Vereinsziel umrissen. Die Chancen dafür stehen gut: Nach einer Untersuchung der Hochschule Niederrhein zur „Wirtschaftskraft im AgroFood" (2012) arbeiteten etwa 48 000 sozialversicherungspflichtig Beschäftigte im niederrheinischen Agrobusiness, weitere 98 000 in Wirtschaftszweigen, die nicht ausschließlich dem Agrobusiness zuzuordnen sind. Fast jeder dritte sozialversicherungspflichtige Arbeitsplatz in der landwirtschaftlichen Primärproduktion Nordrhein-Westfalens liegt am Niederrhein (7800). Zusammen mit dem Ernährungsgewerbe (20 200) und dem Handel mit Nahrungsmitteln (10 800) sind dies die Schwergewichte einer Wertschöpfungskette, die nachhaltig Beschäftigung und Wachstum in der Region sichert. Nach Beschäftigungseinbrüchen bis 2007 verzeichnen vor allem Ernährungsgewerbe und Dienstleistungssektor starke Zuwächse. Im Vergleich zur Situation in Nordrhein-Westfalen sind seither alle Bereiche des Agrobusiness (Ausnahme Herstellung von Produktionsmitteln) am Niederrhein dynamischer gewachsen und haben eine höhere Bedeutung als im Rest des Landes.

Gute Nachbarn: Grenznähe als Standortvorteil

Die Grenznähe ist in diesem Zusammenhang durchaus ein Standortvorteil. Denn in der benachbarten niederländischen Region, dem sogenannten Greenport Venlo, zeigt sich eine ähnlich positive Entwicklung im Agrobusiness – insbesondere in der Primärproduktion und im vorgelagerten Handel.

Die obengenannten Experten erkennen die wirtschaftlichen Stärken im Agrobusiness in beiden Regionen – und zwar in komplementären Bereichen. Damit bestehen gute Voraussetzungen, um von zwei Leuchtturm-Regionen zu einer der europaweit führenden, grenzüberschreitenden Agrobusiness/Food-Regionen zusammenzuwachsen.

Forschung und Bildung:
gute Perspektiven für die Wirtschaft

Auch im Bereich Bildung und Forschung wirkt sich die Nähe zu den Niederlanden für den Niederrhein positiv aus. Insgesamt sechs Hochschulen – die Universität Wageningen und die Hochschulen Fontys (Venlo), van Hall Larenstein (Wageningen) und HAN (Arnheim Nijmegen) auf niederländischer Seite sowie die Hochschulen Niederrhein (Krefeld/Mönchengladbach) und Rhein-Waal (Kleve/Kamp-Lintfort) auf deutscher Seite – bieten ein dichtes Netz an Ausbildungsmöglichkeiten. Das gilt für den Agrobusiness-Sektor in besonderem Maße: Wageningen gilt als die Agraruniversität von Weltruf, und die Hochschule Rhein-Waal setzt mit den gerade neu geschaffenen Studiengängen SustainableAgriculture und Agribusiness besondere Akzente.

Aus der grenzüberschreitenden Zusammenarbeit des Agrobusiness mit diesen Instituten entsteht eine hohe Kompetenzdichte am Niederrhein – die zugleich neue

ökonomische und ökologische Perspektiven für die ganze Region mit sich bringt. Beste Voraussetzungen also, damit das überproportionale Beschäftigungswachstum im Agrobusiness weiter anhält. ∎

Von der hervorragenden Logistik am Niederrhein profitiert die gesamte Agrobusiness-Branche.

Studierende an der Hochschule Rhein-Waal

Beschäftigungsförderung – eine wichtige sozialpolitische Kreisaufgabe

Bernd Pastoors

„Möglichst wenige Menschen sollten zur Bestreitung ihres Lebensunterhalts auf staatliche Transferleistungen angewiesen sein." Dieses Ziel prägt die Arbeit von Politik, Kommunalverwaltung und Trägern beschäftigungsfördernder Maßnahmen im Kreis Kleve. Schon seit 2005 nimmt sich der Kreis Kleve als sogenannte Optionskommune der Bürgerinnen und Bürger an, die Arbeitslosengeld II beziehen. Die Bearbeitung des Arbeitslosengeldes II und die Unterstützung bei der Suche nach einem geeigneten Arbeitsplatz erfolgt vor Ort in den 16 kreisangehörigen Städten und Gemeinden. Unterstützt werden diese von freien Dienstleistern, die als Experten auf dem Arbeitsmarkt sowohl die sinnvollen Ausbildungs- und Qualifizierungsmaßnahmen durchführen als auch durch gute Kontakte zu den Arbeitgebern in der Region viele Arbeitsuchende vermitteln helfen.

Die Erfahrung zeigt, dass gerade das Agieren vor Ort geeignet ist, um den Besonderheiten des Arbeitsmarktes gerecht zu werden. Hier können Instrumente entwickelt werden, die die Bedingungen und Erfordernisse der Leistungsberechtigten und ihr regionales Umfeld berücksichtigen. Der Kreis Kleve übernimmt in diesem Zusammenspiel die strategische Begleitung und rechtssichere Ausgestaltung der Arbeitsteilung mit den Bildungs- und Beschäftigungsträgern. Und wenn dann auch ein zu besetzender Arbeitsplatz aufgezeigt werden kann, führen Motivation und Einsatz der Kunden verbunden mit einer auf das erforderliche Maß begrenzten Begleitung vielfach zu einem neuen Lebensabschnitt.

Das gilt insbesondere auch für ältere Arbeitnehmerinnen und Arbeitnehmer. Schon im Jahr 2005 hat der Kreis Kleve an dem bundesweit ausgeschriebenen Ideenwettbewerb „Beschäftigungspakte für Ältere in den Regionen" teilgenommen. Inhalt dieses Projektes ist es, Menschen ab 50 Jahre bei der Arbeitssuche zu unterstützen. Aber auch andere Zielgruppen hat der Kreis im Fokus: Im Jahr 2009 wurde ein Ideenwettbewerb „Gute Arbeit für Alleinerziehende" gestartet. Das vom Bundesministerium ausgewählte Konzept zur Aktivierung und Integration Alleinerziehender hat sehr vielen alleinerziehenden Frauen den Weg zurück in die Berufswelt ermöglicht. Weitere Zielgruppenarbeit gibt es im Bereich der Jugendlichen und jungen Erwachsenen, für die ein umfangreicher Katalog von Maßnahmen der Ausbildungsförderung bereitsteht.

Trotz aller erfolgreichen Bemühungen gibt es nach wie vor Personengruppen, die eher als „arbeitsmarktfern" zu bezeichnen sind. Ein fehlender Berufsabschluss, hohe und lang andauernde Zeiten von Arbeitslosigkeit sowie eingeschränkte Mobilität sind häufige Merkmale, die eine Vermittlung zunächst erschweren. Für diese Personengruppe sind Aktivierungsmaßnahmen sowie Angebote im Bereich von Mehrbedarfsbeschäftigung (der ehemalige Ein-Euro-Job) notwendige Brücken auf dem langen Weg zu mehr Arbeitsmarktnähe und Integration.

Aus der Beschäftigung mit Inhalten und Formen von Arbeitsgelegenheiten heraus ist ein für die Region typisches Beschäftigungsprojekt entstanden. Seit 2009 bewirtschaften zehn Männer und Frauen im Rah-

men einer geförderten, sozialversicherungs-
pflichtigen Beschäftigung die Schilfflächen
im Kreis Kleve und in den benachbarten
Niederlanden. In aufwendiger Handarbeit
wird im Winter bei jedem Wetter Schilfrohr
geerntet. Nach der Trocknung und Lage-
rung werden die Halme zu Putzträgermatten
und Sichtschutzelementen weiterverarbeitet.
Das Projekt unter Federführung des
Theodor-Brauer-Hauses ist ein weiteres Beispiel für eine gelungene Beschäftigungs-
förderung im Kreis. ■

Gelungene Beschäfti-
gungsförderung im Kreis
Kleve: Verarbeitung von
Schilfrohr

Nutzen aus dem demografischen Wandel ziehen

Dr. Waldemar Schmidt

Alle reden vom demografischen Wandel – auch der Kreis Kleve. Mit Verzögerung im Vergleich zu Nordrhein-Westfalen und dem Bundesdurchschnitt erfasst die allgemeine Veränderung der Bevölkerungsstruktur diesen Kreis am Niederrhein. Was sich hier ändert, ist der Altersaufbau der Bevölkerung: Es gibt immer mehr ältere Bürgerinnen und Bürger, ihr Bevölkerungsanteil wird in den nächsten zehn bis fünfzehn Jahren – nach Berechnungen des Landesbetriebs Information und Technik NRW – auf ein Drittel anwachsen. Immer mehr von

Dass die durchschnittliche Lebenserwartung zunimmt, ist eine höchst erfreuliche, in der Geschichte der Menschheit bisher einmalige Entwicklung. Sie löst jedoch auch Sorgen aus, weil noch nicht klar ist, mit welchen Veränderungen im Alltag gerechnet werden muss. Der Kreis Kleve arbeitet aus diesem Grund an einem Demografiekonzept. Sicher wird der Gesundheitssektor an Bedeutung gewinnen, weil im hohen Alter das Erkrankungs- und Pflegerisiko besonders groß ist. Doch nicht nur die Einrichtungen der gesundheitlichen und pfle-

Die Bevölkerungsstruktur wird sich auch im Kreis Kleve in den nächsten Jahren wandeln.

ihnen erreichen ein sehr hohes Alter von über 80 Jahren. Aber während anderswo die Gesamteinwohnerzahlen sinken, ist dies im Kreis Kleve nicht der Fall: Sie steigt vielmehr seit vielen Jahren, und das wird auch in Zukunft so sein.

gerischen Versorgung sind davon betroffen. Trotz gesundheitlicher Einschränkungen möglichst selbstständig leben zu können, was eigentlich alle wollen, erfordert vielerlei weitergehende Unterstützungsleistungen – durch Wohlfahrtsverbände, Kirchengemein-

Fortsetzung Seite 107

Immer mehr Menschen
bleiben im Alter aktiv
und mobil.

Auf einen Blick

Träger: Katholische
Kirchengemeinde
St. Dionysius in Kerken

Gründungsjahr:
Das Magdalenen-Heim
kann auf eine über 500-
jährige Geschichte
zurückblicken; in den
1970er-Jahren wurde
es zu einer Altenwohn-
stätte umgebaut.

Mitarbeiter: ca. 35

Bewohner:
57 Seniorinnen und
Senioren aller Pflege-
stufen

Angebote:
– sozialpädagogische
  Betreuung
– Gedächtnistraining
– Dementen-Gruppe
– Singkreis
– Handarbeits- und
  Bastelkreis
– Vorbereitung von
  Festen
– Gestaltung einer
  Hauszeitung

Magdalenen-Heim Aldekerk

Träger des Magdalenen-Heims Aldekerk ist die katholische Kirchengemeinde St. Dionysius in Kerken. Es betreut sowohl somatisch erkrankte als auch psychisch veränderte Menschen. Das Magdalenen-Heim verfügt heute über 57 Bewohnerplätze, die sich auf 47 Einzel- und 5 Doppelzimmer verteilen. Jedes Zimmer verfügt über ein eigenes Duschbad mit WC; eigenes Mobiliar kann in bestimmtem Umfang zur Einrichtung verwendet werden.

Das Heim ist in drei verschiedene Wohnbereiche eingeteilt. Zur besseren Orientierung für Bewohner und deren Angehörige sind diese farblich gekennzeichnet (blau, rot und grün). Bestandteil dieser Kennzeichnung sind zum Beispiel Tischdecken, Wandschmuck, Geschirr, Bettwäsche usw.

Das Haus verfügt über eine eigene Küche. Die Mahlzeiten werden im großen Speisesaal im Erdgeschoss eingenommen. Außerdem können die Mahlzeiten auch in den Küchen der einzelnen Wohnbereiche eingenommen werden. Dort stehen bei Bedarf Pflegekräfte hilfreich zur Seite. Selbstverständlich werden von der Küche auch individuelle Speisenwünsche berücksichtigt.

Das Magdalenen-Heim liegt zentral im Dorf Aldekerk. Alle Bewohnerinnen und Bewohner haben daher die Möglichkeit, wichtige Einrichtungen im Ort in nur wenigen Minuten zu Fuß zu erreichen. Ein parkähnlich angelegter Garten mit umfangreichen Sitzmöglichkeiten lädt zum Verweilen ein.

Das Magdalenen-Heim Aldekerk mit Klosterkirche ist eine der ältesten sozialen Einrichtungen im Kreis Kleve.

■

Magdalenen-Heim
Aldekerk
www.magdalenenheim.de

Alten- und Pflegeheim St. Georg

„Pflege mit Herz, Hand und Verstand", so lautet das Leitbild des privaten Alten- und Pflegeheims der Familie Braam mit seinen 60 Bewohnern. Alle Dienstleistungen befinden sich unter einem Dach und schaffen für den Bewohner eine entspannte familiäre Atmosphäre. Das Haus verfügt über 24 Einzel- und 18 Doppelzimmer. Jedes Zimmer ist mit kostenlosem Kabelanschluss ausgestattet. Ein Telefonanschluss ist in allen Zimmern möglich. Selbstverständlich können die Bewohner ihr Zimmer nach ihren persönlichen Wünschen einrichten. In jedem Wohnbereich sind Küchen zum Selberkochen sowie Sitzecken und Aufenthaltsräume zum gemütlichen Beisammensein vorhanden.

den, aber auch private Unternehmen und soziale Dienste der Kommunen.

Hilfe- und Pflegebedürftigkeit in größerem Ausmaß – das ist allerdings nur die eine Seite der gesellschaftlichen Alterung, und mit ihr hat bloß ein kleinerer Teil der älteren Bevölkerung zu tun. Für den um ein Mehrfaches überwiegenden Teil der Personen im Rentenalter gilt hingegen, dass sie bei recht guter Gesundheit sind, vielfältige Interessen pflegen, rege Kontakte zur engeren und weiteren Verwandtschaft, Freunden, Nachbarn usw. unterhalten und zahlreichen Betätigungen nachgehen. Dieses Bevölkerungssegment steht im Fokus, wenn von Ressourcen des Alters, aktivem Altern oder Produktivität des Alters die Rede ist. Damit sind Facetten des Alters bezeichnet, denen noch mehr Aufmerksamkeit zuteil werden sollte. Dann zeigt sich nämlich, dass der demografische Wandel nicht in erster Linie mit gesellschaftlichen Belastungen in Verbindung zu bringen, sondern aus diesem Prozess ein Gewinn für die Gemeinschaft zu ziehen ist. Dass beispielsweise das im Laufe eines Lebens erworbene Erfahrungswissen kaum zu ersetzen ist, stellt Betriebe immer öfter vor Probleme, wenn ältere Mitarbeiterinnen und Mitarbeiter verrentet werden und ihre spezifischen Kenntnisse den Firmen verlorengehen.

Außerhalb des Wirtschaftslebens kann auf Kompetenzen und Engagement der Älteren ebenfalls nicht gut verzichtet werden – auf ihre Unterstützung junger Familien, ihre ehrenamtliche Mitarbeit in Vereinen, insbesondere auch in der Freien Wohlfahrtspflege. Aber selbst soweit sie nicht uneigennützig aktiv sind, hat die Gesellschaft etwas von ihren älteren Mitgliedern: Sei es, dass sie als Verbraucher die Nachfrage nach Konsumgütern und somit das Wirtschaftsgeschehen beeinflussen, sei es, dass sie durch Aktivität ihre Leistungsfähigkeit erhalten und so – was sich jeder wünscht – möglichst lange auch gesund bleiben. ■

Auf die Zukunft setzen – Familien, Kinder und Jugendliche im Blickfeld

Günter Franik

Veränderungen in der Arbeitswelt, der Wegfall der früheren Großfamilien, steigende Freizeiterwartungen und Ansprüche sowie weniger vorbestimmte Aufgabenteilungen zwischen Mann und Frau sind für die jetzigen und künftigen Elterngenerationen besondere Herausforderungen. Der gesellschaftliche Rahmen ist im Generationenvergleich immer weniger von Normen und Traditionen geprägt und lässt viel Raum für individuelle Weichenstellungen.

Der Kreis Kleve versteht sich als Lebensraum für Familien, in dem Kultur-, Natur-, Sport- und Freizeitangebote breit angelegt sind. Bedarfsgerechte Kinderbetreuung ist ein weiterer Schwerpunkt, dem sich die Jugendämter im Kreis Kleve widmen. Nicht nur die Anzahl der Plätze, auch die frühkindliche Bildung steht im Blickfeld. Mit großem Engagement und kreativer Schaffenskraft wurden Projekte aus unterschiedlichen Wissensbereichen aufgelegt. Gute Bildungsarbeit für unsere Kleinsten erfordert nach neuen Erkenntnissen gebaute und ausgestattete Räumlichkeiten. Viele Kindertagesstätten sind bereits entsprechend umgebaut, sodass sie die Betreuung auch der unter 3-jährigen Kinder ermöglichen. Im Zuständigkeitsbereich des Kreisjugendamtes liegt die Betreuungsquote der Kleinsten mit 57 Prozent landesweit an der Spitze. Nicht wenige Eltern entscheiden sich in den ersten Lebensjahren ihrer Kinder für eine Betreuung durch die gut qualifizierten Tagesmütter und Tagesväter im Kreis Kleve.

Die Zuzugsbewegungen junger Familien sind keine automatische Selbstverständlichkeit, sondern bei bestehender Ursachenvielfalt zu einem großen Teil auch das Ergebnis einer aktiv gestalteten Familienfreundlichkeit. Zu den vielen Anforderungen an ein attraktives Lebensumfeld gehört auch ein umfassendes Angebot der Jugendarbeit. Im Kreis Kleve finden Jugendliche viele Möglichkeiten, in Verbänden, Vereinen, Jugendgruppen, beim Sport und in Freizeiteinrichtungen Gleichgesinnte zu treffen und gemeinsam etwas zu unternehmen.

In den Ferien nutzen Kinder und Jugendliche gerne die Ferienfreizeiten, die die Städte, Gemeinden und das Kreisjugendamt anbieten. Der Fingerhutshof in Kalkar-Wissel und der Jugendzeltplatz Eyller See, die beide als kreiseigene Einrichtungen geführt werden, bieten Spiel, Spaß und Spannung. Spielplätze, Kletterfelsen, Hochseilgarten und die Pyramidenrutsche sind nur einige der gerne genutzten Angebote. Die pädagogisch sinnvolle Gestaltung mit Kreativangeboten und Großgruppenspielen rundet das Angebot ab und trägt zur Wohlfühlatmosphäre bei. Und auch für Kinder mit Mehrfachhandicap gibt es im Kreis Kleve eine passende Ferienfreizeit.

Ein schönes Umfeld, bedarfsgerechte Kinderbetreuung und vielfältige Freizeitangebote sind wertvolle Standortfaktoren im Kreis Kleve. Aber was ist, wenn sich Kinder nicht entwickeln wie erwartet? Was, wenn es in der Ehe kriselt? Auch in diesen Fällen sind Familien im Kreis Kleve nicht allein. Ein dichtes Netz an Beratungsstellen steht für den Fall der Fälle bereit: Erziehungsberatung, Familien- und Lebensberatung, Schwangerschaftskonfliktberatung und umfangreiche Hilfen und Unterstützung für Alleinerziehende: Das Angebot ist vielseitig und ortsnah.

Natürlich gibt es mehr Beispiele als die

hier genannten, mehr Projekte als die erwähnten und mehr Konzepte und Planungen für Familien als hier darstellbar. Wir wissen, dass Familienfreundlichkeit nicht durch Hochglanzprospekte erreicht wird. Auch genügt nicht das Zusammenspiel interessanter Städte und vielfältiger Natur. Familienfreundlichkeit erfordert seitens der Verantwortlichen in den Kommunen strategische Umsicht, „das Ohr" zu haben für die Familien mit ihren wandelnden Präferenzen und die Bereitschaft zu investieren: zu investieren in die Zukunft, in unsere Kinder. ■

Die von den Städten, Gemeinden und dem Kreisjugendamt angebotenen Ferienfreizeiten – hier der Kletterwald am Eyller See in Kerken – sind sehr beliebt.

Die neue Hochschule Rhein-Waal – ein Gewinn für die Region

Professorin Dr. Marie-Louise Klotz

Kleve hat ein neues Zentrum bekommen: Dort laden Bänke mit Blick auf das alte Hafenbecken zum Verweilen ein, die Gebäude wirken offen und freundlich, und Menschen aus aller Welt sorgen für internationales Flair. Die Rede ist vom neuen Campus der Hochschule Rhein-Waal, der im Herbst 2012 feierlich eröffnet wurde. Mit seinen 19 Gebäuden, die auf den rund 70 000 Quadratmetern des alten Hafengeländes entstanden sind, bietet er alles, was das studentische Leben braucht: Hörsaalgebäude, 144 moderne Laborräume, ein Sprachenzentrum, eine Bibliothek im alten Speichergebäude und eine Mensa mit Dachterrasse. Vier Fakultäten bieten zurzeit 25 Bachelor- und vier Masterstudiengänge an, die von 2700 Studierenden besucht werden. Wichtigste Sprache: Englisch. Auch in die Klever Innenstadt ist es nicht weit, sie ist fußläufig zu erreichen.

Die Hochschule Rhein-Waal – eine Brücke zwischen dem Niederrhein und der Welt

Der Campus besteht jedoch nicht nur aus Gebäuden: Er soll Brücken bauen – zwischen den Studierenden aus rund 83 Ländern der Welt, aber auch zwischen der Hochschule und den Menschen in Kleve. Zudem bringt die im Mai 2009 eröffnete Hochschule der Region neuen Aufschwung. Sie steigert die Kaufkraft, bringt junges, internationales Leben und schafft Arbeitsplätze: Insgesamt ca. 350 Professorinnen und Professoren, Mitarbeiterinnen und Mitarbeiter sollen an den beiden Standorten der Hochschule – Kleve und Kamp-Lintfort – arbeiten, davon allein 250 rund in Kleve.

Regionale und nationale Unternehmen profitieren vom Wissen, das die Studierenden durch die internationale, innovative und interdisziplinäre Ausrichtung der Hochschule Rhein-Waal sammeln. Denn die Experten und Fachkräfte finden sich nun in direkter Nachbarschaft. Über Praktika und Projekte können Unternehmen mit Studierenden in Kontakt treten, die später als Multiplikatoren oder Fachkräfte für sie hier in der Region oder im Ausland tätig sein können. Zudem erleben ausländische Studierende einen sehr attraktiven deutschen Hochschulstandort und entscheiden sich vielfach, am Niederrhein zu bleiben. Die Hochschule beugt somit dem Fachkräftemangel am Niederrhein vor.

Mit der regionalen Wirtschaft verflochten

Auch wenn es um Forschungsvorhaben und Neuentwicklungen geht, finden Unternehmen in der Hochschule einen kompetenten Partner. Doch wie gelangen sie an die richtigen Ansprechpartnerinnen und -partner? Und wie finden umgekehrt die Wissenschaftler die richtigen Kooperationspartner in der Region? Hier leistet das hochschuleigene Zentrum für Forschung, Innovation und Transfer Unterstützung. Es vermittelt Unternehmen an die richtigen Personen innerhalb der Hochschule weiter und versucht herauszufinden, was wir als Hochschule Rhein-Waal für das jeweilige Unternehmen tun können. Die Resonanz ist groß: Vom kleinen Mittelständler bis zum Großkonzern ist die komplette Bandbreite an Unternehmen vertreten – branchenübergreifend.

Seit ihrer Gründung am
1. Mai 2009 hat sich die
Hochschule rasant ent-
wickelt. Inzwischen sind
mehr als 2700 Studie-
rende eingeschrieben.

Moderner Hörsaal

Wie Hochschule und regionale Wirtschaft gemeinsam den Standort Kleve und die Region nach vorne bringen können, zeigt u. a. das erste ZIM-KOOP-Projekt mit der Firma FLUXANA® aus Bedburg-Hau. Unter ZIM-KOOP fasst das Bundesministerium für Wirtschaft und Technologie (BMWi) gemeinsame Projekte von Forschungseinrichtungen sowie kleinen und mittelständischen Unternehmen zusammen. Solche Kooperationen führen zu einer Win-Win-Situation: Die Hochschule leistet praxisnahe Forschungsarbeit gemeinsam mit den Unternehmen, während die Unternehmen von der Finanzierungsförderung und den Forschungsergebnissen profitieren – und nachhaltige Wettbewerbsvorteile erlangen. Das spezielle Ziel der Kooperation mit FLUXANA®, die im März 2012 startete, ist eine Verbesserung der Probenvorbereitungs- und Analyseverfahren zur Röntgenfluoreszenzanalyse.

Forschen für die Region

Viele Forschungsprojekte der Hochschule sind ebenfalls eng mit dem Niederrhein verbunden. So etwa „Smart Villages – Lösungen zur Zukunftsfähigkeit des Landlebens". Denn das praktische Leben in kleinen Orten und Dörfern gestaltet sich zunehmend schwieriger: Läden schließen, Bussen gehen die Nutzer aus, Dorfkneipen geben auf. Lösungen werden zunächst am Beispiel des niederrheinischen Dorfes Grieth und der Stadt Kalkar entwickelt – später werden sie dann auf andere Orte übertragen.

Gemeinsam mit Forschungs- und Industriepartnern aus dem niederländisch-deutschen Grenzgebiet der Euregio Rhein-Waal arbeitet die Hochschule auch daran, den Landwirten ihre Arbeit zu erleichtern: im Projekt „Smart Aerial Test Rigs with Infrared Spectrometers and Radars" (SMART INSPECTORS). Die Vision: Eine Drohne mit Spezialkameras erkundet – via Smartphone vom Landwirt ferngesteuert – den Acker und überträgt die Aufnahmen im Flug ins Internet. Über sein Smartphone erhält der Landwirt eine Kartendarstellung und weiß, an welchen Stellen er seinen Acker besser düngen oder anders bewirtschaften muss.

Ein weiteres Forschungsprojekt mit regionalem Bezug trägt den Namen „Eco-TEG". Die Forscher entwickeln einen Generator, der die Abwärme im Automotor in elektrische Energie umwandelt und somit nutzbar macht. Zwar ist der physikalische Effekt lange bekannt, dennoch verpufft die Wärme, die der laufende Motor erzeugt, bislang ungenutzt. Beteiligt sind neben der Hochschule Rhein-Waal die Daimler AG, die Robert Bosch GmbH, die J. Eberspächer GmbH & Co. KG und das Deutsche Zentrum für Luft- und Raumfahrt e. V. (DLR).

Auch der Anbau von Obst und Gemüse in Treibhäusern steht vor großen Herausforderungen – etwa wegen der knapper werdenden Roh- und Hilfsstoffe wie fossile Energiequellen und Wasser. Im Projekt „High Tech Greenhouse 2020" entwickeln die Hochschulmitarbeiterinnen und -mitarbeiter daher Komponenten für ein integriertes Hightech-Gewächshaussystem zur nachhaltigen Produktion – in enger Kooperation mit innovativen deutschen und niederländischen Unternehmen und Forschungseinrichtungen.

„Forschen für die Region" ist eines der Hauptanliegen der Hochschule.

Berufliche Bildung als Standortvorteil – zukunftsorientierte Ausbildung

Hans Reder

Eine gute berufliche und allgemeine Bildung wird neben einer guten Infrastruktur und Finanzpolitik, hohem Wirtschaftswachstum und hoher Erwerbstätigenquote als wichtiger Standortvorteil einer Region gesehen.

Der Kreis Kleve unterhält als Schulträger zwei Berufskollegs in Kleve und Geldern, die ihr Ausbildungsprogramm permanent der wirtschaftlichen und strukturellen Entwicklung in der Region anpassen, modern ausgestattet sind und dank ihres Qualitätsmanagementsystems in zentralen landes- und bundesweiten Prüfungen überdurchschnittlich gut abschneiden.

Bestens ausgebildete Menschen sind die Voraussetzung für wirtschaftlichen Fortschritt und Erhalt unseres Wohlstands durch

Mehr als 5200 Schülerinnen und Schüler lernen an den beiden Berufskollegs des Kreises Kleve.

Berufskolleg des Kreises Kleve in Kleve:

5200 Schülerinnen und Schüler
230 Lehrerinnen und Lehrer
5 Abteilungen: Wirtschaft, Technik, Gesundheit, Sozialwesen, Agrarwirtschaft

Ausbildungsvorbereitung – Berufsausbildung im dualen System – Berufliche Weiterbildung
Alle Bildungsabschlüsse können erworben werden, vom Hauptschulabschluss bis zum Abitur.

3300 Berufsschüler im dualen System:
zum Beispiel Banken, Büro, Elektrotechnik, Metalltechnik, Bau- und Holztechnik, Farbtechnik, Landmaschinentechnik, Sanitär Heizung Klima, Hotel- und Gaststätten, Erzieherinnen, Sozialhelfer, Fachkraft Agrartechnik, Landwirt

1700 Vollzeitschüler in Ausbildungs- und Studienqualifizierung:
zum Beispiel Höhere Berufsfachschule Wirtschaft, Höhere Berufsfachschule Technik, Berufliches Gymnasium für Wirtschaft, Ernährung und Gesundheit

200 Weiterbildungsschüler:
Staatlich geprüfter Techniker, Fachoberschule für Technik

lohnende Innovationen und Investitionen. Gerade im Zeitalter der Wissensgesellschaft, des Strukturwandels und der Globalisierung sind qualifizierte Mitarbeiterinnen und Mitarbeiter ein entscheidender Standortfaktor. Angesichts des Trends in der

Die Berufsausbildung im
dualen System hat sich
bewährt.

Arbeitswelt zu immer komplexeren Tätigkeiten wird Bildung zum Rohstoff für die Bewältigung der Zukunft.

Berufliche Bildung baut auf der allgemeinen Bildung auf und ergänzt sie: Wissen und Fachkompetenz, Personal- und Sozialkompetenz sowie die Bereitschaft zu lebenslangem Lernen in einer zunehmend international geprägten Gesellschaft müssen zu einem Rüstzeug für junge Menschen werden.

Die Schulen des Kreises Kleve bilden in diesem Sinne leistungsstarke Schülerinnen und Schüler mit hohem Qualifikationsniveau. Sie fordern, fördern und führen ihre Schülerinnen und Schüler in besonderem Maße zu allgemeinen und beruflichen Bildungsabschlüssen. In einem Bildungsnetzwerk des Kreises Kleve stimmen sich alle wesentlichen Akteure ab. Die Bildungslandschaft ist besonders durchlässig, alle Schulabschlüsse können auch nachträglich an den Berufskollegs erreicht werden. In den beiden Berufskollegs wird in mehr als 100 verschiedenen Berufsbildern ausgebildet. Jährlich verlassen die Berufskollegs nicht nur über 1500 junge Menschen mit einer abgeschlossenen Berufsausbildung, sondern auch mehr als 600 Absolventen erhalten die Berechtigung zu einem Studium an Fachhochschulen und Universitäten.

Eine zukunftsorientierte Ausbildung muss berücksichtigen, dass jeder zweite Absolvent einer dualen Berufsausbildung

Familienbildung ist einer der großen Schwerpunkte im Angebot des Katholischen Bildungsforums.

Auf einen Blick

Gründungsjahr:
2007 nach Fusion

Mitarbeiter: ca. 50 und
ca. 700 Dozenten

Standorte:
Emmerich
www.hdf-emmerich.de

Geldern/Kevelaer
www.fbs-geldern-kevelaer.de

Kalkar
www.fbs-kalkar.de

Kleve
www.fbs-kleve.de

Kleve
www.kbw-kleve.de

■

**Katholisches
Bildungsforum im
Kreisdekanat Kleve**

Katholisches Bildungsforum im Kreisdekanat Kleve

Das Katholische Bildungsforum im Kreisdekanat Kleve ist eine Einrichtung, die aus vier Familienbildungsstätten und dem Kreisbildungswerk besteht. Mit mehr als 40 000 Unterrichtsstunden ist das Bildungsforum die größte Einrichtung dieser Art im Kreis. Jährlich nehmen mehr als 16 000 Personen an den Veranstaltungen teil. Ein Schwerpunkt des breitgefächerten Angebots liegt im Bereich der Familienbildung.

Die einzelnen Teileinrichtungen haben nach der Fusion in ihren jeweiligen Wirkungsbereichen ein eigenes Profil behalten. Die Bildungsangebote finden in den einzelnen Häusern, aber auch in vielen anderen Orten im Kreisgebiet statt. Ein Anliegen ist es, die Menschen in ihren persönlichen und gesellschaftlichen Bezügen durch christlich inspirierte, wertorientierte Familien- und Erwachsenenbildung zu unterstützen.

Das Katholische Bildungsforum ist durch den Gütesiegelverbund Weiterbildung zertifiziert.

---

fünf Jahre nach Abschluss seiner Ausbildung in einem anderen als dem ursprünglich erlernten Beruf arbeitet. Dies bedeutet eine neue Herausforderung an das duale Ausbildungssystem: Auszubildende müssen vor allem breit angelegte fachliche Grundqualifikationen als Basis beruflicher Handlungskompetenz erwerben, die sie befähigen, auch in anderen verwandten Berufen qualifiziert arbeiten zu können. Eine gute Zusammenarbeit zwischen Betrieben und Berufsschulen ist erforderlich, um sich sowohl über diese Grundqualifikationen als auch über die erforderlichen Spezialisierungen abzustimmen. Ausbildungsberufe müssen zu Berufsgruppen gebündelt und ständig den neuen wirtschaftlichen und technologischen Entwicklungen in einer sich immer rascher wandelnden Arbeitswelt angepasst werden. Dass das duale Ausbildungssystem in Deutschland im Gegensatz zu anderen europäischen Ausbildungssystemen hierzu in der Lage ist, hat es in letzter Zeit bewiesen durch eine Veränderung zu einer arbeits- und geschäftsprozessorientierten Ausbildung, die auf eine berufliche Handlungsfähigkeit der jungen Arbeitskräfte ausgerichtet ist. Angesichts des erheblichen Fachkräftebedarfs in den nächsten Jahren ist die Erschließung weiterer Qualifikationsreserven (Ältere, Geringqualifizierte, Migranten, Arbeitslose, nicht erwerbstätige Frauen) eine weitere Herausforderung für die nahe Zukunft.

■

Verzeichnis der PR-Bildbeiträge

Die nachstehenden Firmen, Verwaltungen und Verbände haben mit ihren Public-Relations-Beiträgen das Zustandekommen dieses Buches in dankenswerter Weise gefördert.

Bildquellen

Bodo Nussdorfer, Bielefeld: S. 17, 62, 64 o., 72, 75 u., 88 o., 89, 106.

Archiv (Werkaufnahmen): S. 54, 64 u., 65, 70, 71, 75 o., 74, 82, 83, 84, 85, 88 u., 97, 100, 101 o., 107; Airport Weeze: Einband (1), Ingo Bartussek/fotolia.com: S. 115; Michael Bergmann: S. 111 u., 113; Hans Blossey: S. 8; Edelrot Photography, Renè Roeterink, Bocholt: S. 96; Edler von Rabenstein/fotolia.com: S. 91; Stadt Emmerich am Rhein: S. 9; Gottfried Evers, Kleve: Einband (3), S. 31, 36, 44, 46, 61, 66, 98; Stadt Geldern: S. 10; Bernd Geller/fotolia.com: S. 116; Stadt Goch: S. 11 o.; Annegret Gossens: S. 49; Gemeinde Issum: S. 11 u., 50; Katharina Jäger, Frankenau: S. 47; Stadt Kalkar: S. 12; Gemeinde Kerken: S. 13; Stadt Kevelaer: S. 18, 53, 55 u.; Kreis Kleve: Einband (2), S. 6, 7, 27, 28, 30, 32, 33, 34, 35, 38, 39, 48, 73, 77, 79, 81, 94, 95, 103, 104, 109, 120; Stadt Kleve: S. 19 o.; Robert Kneschke/fotolia.com: S. 105; Gemeinde Kranenburg: S. 19 u.; Johannes Kruck, Bedburg-Hau: S. 117; Landwirtschaftszentrum Haus Riswick: S. 92; lautblick rybka & kluth gbr, Bottrop: S. 78; lightpoet/fotolia.com: S. 114; Peter Lingens: S. 41; Marina Lohrbach/fotolia.com: S. 90; Thomas Momsen, Ueden: S. 15; motivation1965/fotolia.com: S. 93; Peter Oelker, Rheurdt: S. 21; Peter Pricken, LVR-HPH-Netz Niederrhein, Goch: S. 14 u.; Stadt Rees: S. 20; Linda Rozendaal: Einband (1), S. 111 o., 112; REMONDIS, Lünen: S. 16; romen – Agentur für Gestaltung und Kommunikation, Emmerich am Rhein: S. 63; Andreas Schmieding: S. 101 u.; Reimund Sluyterman: S. 51; Tomislav Stojevic, LVR-HPH-Netz Niederrhein, Emmerich am Rhein: S. 14 o.; Stadt Straelen: S. 22; Gemeinde Uedem: S. 23; VG Bild-Kunst, Bonn 2013: S. 58 o. und u.; Gemeinde Wachtendonk: S. 24; Wallfahrtsleitung Kevelaer: S. 42, 43, 55 o.; Gemeinde Weeze: S. 25; Wikimedia: S. 56, 57, 58 Mi., 59; Ludger Wunsch, Düsseldorf: S. 68, 69, 86; XK/fotolia.com: S. 29.

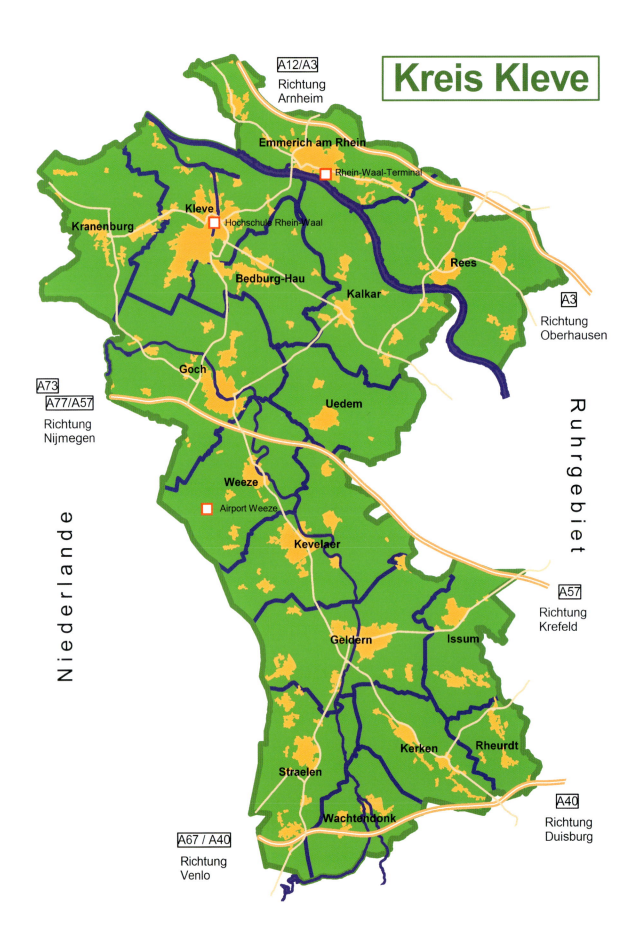

Kreis Kleve

A12/A3
Richtung
Arnheim

Emmerich am Rhein

Rhein-Waal-Terminal

Kleve

Hochschule Rhein-Waal

Kranenburg

Bedburg-Hau

Rees

Kalkar

A3
Richtung
Oberhausen

Goch

A73
A77/A57
Richtung
Nijmegen

Uedem

Weeze

Airport Weeze

Kevelaer

A57
Richtung
Krefeld

Niederlande

Geldern

Issum

Ruhrgebiet

Kerken

Rheurdt

Straelen

A40
Richtung
Duisburg

Wachtendonk

A67 / A40
Richtung
Venlo